ガッポリ
儲けている人の競馬ブックの使い方

殿 一気 著

メタモル出版

競馬ブックを信じると馬券は当たる！●まえがき

　競馬をはじめた頃は、そこそこ馬券が当たっていたのに、少し経ったら当たらなくなったという経験はありませんか？

　最初は競馬新聞の読み方もわからないので、◎の多い馬から他の印が付いている馬に流すというやり方をして、それが結構的中します。もちろん買った馬券のなかには１番人気も含まれていて、たいして儲かりませんが、的中は的中です。

　それで競馬が面白くなって勉強して知識を増やしたとたん、馬券が当たらなくなります。ひねくりだして見つけた穴馬から買うようになったり、配当の少ない１番人気の馬券をけったりした結果だと思います。

　私もそうでした。長いあいだ、１番人気の馬券を買わないで来ました。配当を少ない馬券をバカにするようになったからです。

「１番人気の１点買いなら儲かるが、何点も買っていたら儲からないしな。１番人気で決まるかも知れないが、ここは切っちまおう」

　と、何の根拠もないまま１番人気をハズしていました。

その結果、的中率は下がるわ、たまに高配当の馬券を当てても今までの負け分を取り返せないわ、という悪循環に陥ったのです。
　そこで原点に戻ることにしました。「新聞の印を信じる」ことにしたのです。私が愛読しているのは競馬ブック（以下ブック）です。ブックの印には予想記者（ブックでは「スタッフ」となっているので以下「スタッフ」）の印もあれば、「コンピュータファクター分析」という表にも印があります。「取材＋データから導き出した印は信頼度が高い」と思った私は、この両方の印の組み合わせから、馬券を買うようにしました。するとどうでしょう、的中率は飛躍的に上がって、2009年は回収率が大幅プラスになりました。
　馬券が当たらないと悩んでる方、小遣いを減らせないというお父さん、是非この馬券術でバシバシ的中馬券をゲットしてください。

目　次

競馬ブックを信じると馬券は当たる！●まえがき 　……3

PART 1
競馬ブックは読まずに見なさい！

競馬ブックのここを見る ……12
軸馬を決める ……15
ヒモを決める ……18
馬券の買い方 ……19
◎を信じる ……20

PART 2
信頼できる軸馬をピックアップする

軸馬はどれくらい信頼できるか？ ……26
【信頼できる軸馬の見分け方①】前走2着馬 ……26

目 次

【信頼できる軸馬の見分け方②】前走3着馬 ……27
【信頼できる軸馬の見分け方③】2着続き ……28
【信頼できる軸馬の見分け方④】3着続き ……29
【信頼できる軸馬の見分け方⑤】クラス ……30
【信頼できる軸馬の見分け方⑥】前走人気 ……31
【信頼できる軸馬の見分け方⑦】スピード指数の昇級点 ……32
【信頼できる軸馬の見分け方⑧】全成績 ……33
【信頼できる軸馬の見分け方⑨】競馬場別成績 ……35
【信頼できる軸馬の見分け方⑩】芝(ダート)別成績 ……36
【信頼できる軸馬の見分け方⑪】距離別成績 ……36
【信頼できる軸馬の見分け方⑫】タイム ……37
【信頼できる軸馬の見分け方⑬】騎手 ……40
【危ない軸馬の見分け方①】信用できない騎手 ……41
【危ない軸馬の見分け方②】印のない軸馬 ……42
【危ない軸馬の見分け方③】◎と○のグラフ ……44
【危ない軸馬の見分け方④】押し出された1番人気 ……45
【危ない軸馬の見分け方⑤】1番人気の牝馬 ……47
【危ない軸馬の見分け方⑥】競馬場が初体験 ……49

PART 3 ヒモ・複勝馬を探す

ヒモの見つけ方	……52
【切る馬の根拠を探す①】成績	……53
【切る馬の根拠を探す②】前走	……54
【切る馬の根拠を探す③】棒グラフを見る	……56
【切る馬の根拠を探す④】コメントを見る	……57
【3連複の軸もう1頭の見つけ方①】成績や騎手などから判断	……59
【3連複の軸もう1頭の見つけ方②】棒グラフを見る	……61
【3連複の軸もう1頭の見つけ方③】軸馬の隣を見る	……62
【3連複の軸もう1頭の見つけ方④】脚質	……64
【3連複の軸もう1頭の見つけ方⑤】枠	……65
【3連複の軸もう1頭の見つけ方⑥】馬場状態	……67
【3連複の軸もう1頭の見つけ方⑦】調教欄	……68
【3連複の軸もう1頭の見つけ方⑧】単勝オッズ	……69
【3連複の軸もう1頭の見つけ方⑨】連勝経験	……71
【3連複の軸もう1頭の見つけ方⑩】関西馬	……73
【3連複の軸もう1頭の見つけ方⑪】初ダート	……75
【3連複の軸もう1頭の見つけ方⑫】初ブリンカー	……77

PART 4 馬券を組み立て勝負する

点数と配分を考える ……80
点数が絞れるレースとは ……81
3連複1頭軸流しができるときは ……83

PART 5 戦略を立てて勝つ！

軸馬の単勝人気を見る ……86
頭数を見る ……88
レースを絞る ……89
馬券を絞る ……90
繰り返し予想をする ……93
馬券術が使えないケース ……94
穴馬の見つけ方 ……95
どの競馬場でも公営でも使える ……98

PART 6 回収率と的中率

回収率と的中率　　……102

PART 7 馬券術実践の心構え

【馬券術実践の心構え①】競馬を楽しむな　　……106

【馬券術実践の心構え②】欲をかくな　　……107

【馬券術実践の心構え③】馬券を買うな　　……108

【馬券術実践の心構え④】レースを選ぶな　　……109

【馬券術実践の心構え⑤】競馬場に行くな　　……110

【馬券術実践の心構え⑥】馬を好きになるな　　……111

【馬券術実践の心構え⑦】騎手を嫌うな　　……112

あとがき　　……113

PART 1
競馬ブックは読まずに見なさい！

競馬ブックのここを見る

　ブックには「スタッフ予想とコンピュータファクター分析」というオリジナルの表があります。一番左にはスタッフ予想があり、一番右には棒グラフと◎○▲△△の印があります。スタッフ予想は文字通り、ブックのスタッフの予想です。棒グラフはスピード指数やブック指数などをグラフ化したもので、棒の長い順に◎○▲△△の印が付いています。

　本書では、「スタッフ予想とコンピュータファクター分析」のスタッフの◎、一番右のコンピュータが決めた◎○▲△△の印、それに出走表にあるスタッフの◎（メインレースでは「関西担当　スタッフ予想」〈関西のレースでは「関東スタッフ予想」〉の◎も含める）に注目します。

　コンピュータが決めた◎と、スタッフの◎が多い馬が合致したら、軸にします。データ上から◎で、本命党も穴党もいるスタッフの多くが◎を付けた馬は、馬券の軸にして間違いないと思うからです。軸を決めることによって馬券が絞れます。

　次にヒモとして選ぶのは、コンピュータの○▲△△と、スタッフの誰かが◎を付けている馬です。コンピュータの

PART 1
競馬ブックは読まずに見なさい！

○▲△△は信頼度が高いし、予想のプロが付ける◎にはそれなりの根拠があるからです。

最後に馬券を決めます。種類は馬連か３連複（２頭軸流し）です。どちらかにするのは点数が少なくて済むからで、詳しくは後述します。

つまり、大きな流れは「軸馬を決める→ヒモを決める→馬券を決める」となります。それでは一つずつ解説していきましょう。

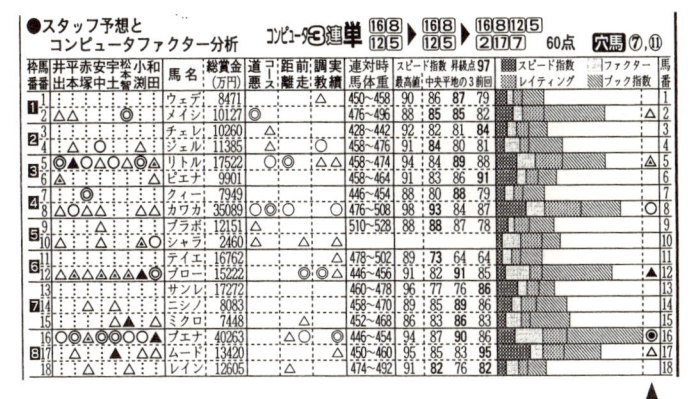

コンピュータが決めた印

第34回エリザベス女王杯 (GI)

Queen Elizabeth II Cup 2200メートル (芝B・右)
(指定)牝馬(国際)、3歳以上、オープン、定量

軸馬を決める

　軸馬の決め方は、次のようになります。

「スタッフ予想とコンピュータファクター分析」一番右の印（◎○▲△△）の◎が付いている馬番を探す

⬇

その馬番にスタッフの◎がいくつあるか数える。スタッフの◎は「スタッフ予想とコンピュータファクター分析」一番左、出走表の一番左にあるスタッフの印のなかにあり、その◎の合計を出す（メインレースでは「関西担当　スタッフ予想」の◎も含める。関西のメインレースでは「関東担当スタッフ予想」）

⬇

スタッフの◎の合計が半数以上（スタッフは全部で15人いるので7か8つ以上、メインレースになると全部で23人なので11か12以上）なら軸馬にする

　実際のレースで解説しましょう。2009年11月15日のエリザベス女王杯の「スタッフ予想とコンピュータファクター分析」で、一番右に◎があるのは馬番16のブエナビスタです。

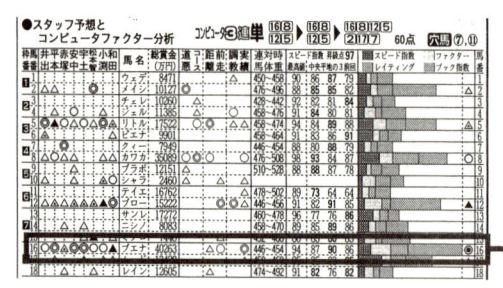

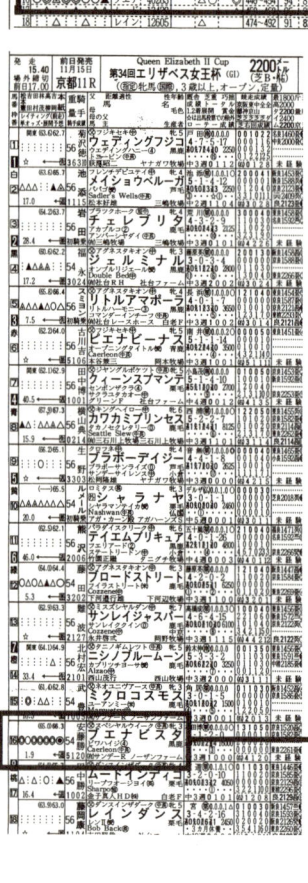

●スタッフ予想とコンピュータファクター分析

第34回エリザベス女王杯 (GI) 2200メートル
京都11R 牝馬 3歳以上 オープン (定量) (芝B・外)
Queen Elizabeth II Cup
発走 15.40 前日発売 11月15日
場内 17.00

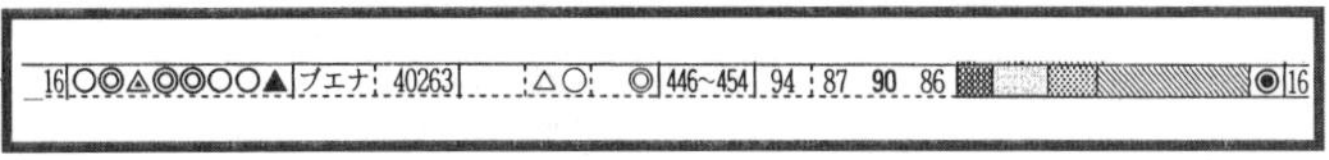
16
○◎◬◎◎○○▲
ブエナ
40263
△○
◎
446~454
94
87
90
86
◉
16

次に、ブエナビスタに◎を打っているスタッフの数を数えます。「スタッフ予想とコンピュータファクター分析」には３つ、出走表には６つ、「関西担当　スタッフ予想」には７つあります。合計すると16で半数以上になるので、ブエナビスタが軸馬になります。

(65.0)66.3
16
◎○◎◎◎◎◉
1.9
←週
54
安藤勝
5120
㊚スペシャルウイーク㊥長 牝３
ブエナビスタ
ビワハイジ④
黒鹿
Caerleon㊥長
㈲サンデーR ノーザンファーム

（関西担当）スタッフ予想

枠番	馬番	大坪	井尻	中野	藤井	長岡	山田理	海士部	西村	馬名
1	1									ウェディングフジコ
	2	◬		△		▲	△	△	△	メイショウベルーガ
2	3									チェレブリタ
	4	★	△		△	△			△	ジェルミナル
3	5	▲	◬	△	▲	△	◎	○	○	リトルアマポーラ
	6									ピエナビーナス
4	7									クィーンスプマンテ
	8	△	△	△	△		△	△	△	カワカミプリンセス
5	9									ブラボーデイジー
	10		△			◬	△			シャラナヤ
6	11									テイエムプリキュア
	12	○	○	○	◬	○	▲	▲	◬	ブロードストリート
7	13								★	サンレイジャスパー
	14									ニシノブルームーン
	15							◬		ミクロコスモス
8	16	◎	◎	◎	◎	◎	○	◎	◎	ブエナビスタ
	17	△	△	◬	○	△	◬	△	△	ムードインディゴ
	18									レインダンス

ヒモを決める

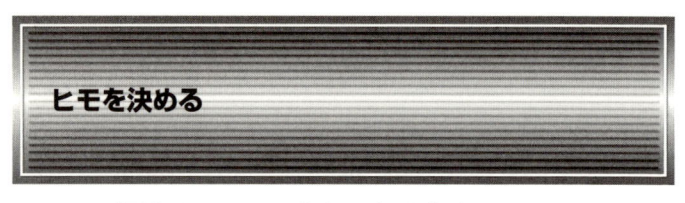

ヒモの候補は、以下のようになります。

1「スタッフ予想とコンピュータファクター分析」一番右の印で、◎以外の○▲△△

2 軸馬以外にスタッフの誰かが付けている◎

これもエリザベス女王杯で解説します。「スタッフ予想とコンピュータファクター分析」一番右の○▲△△の馬番は、それぞれ②、⑤、⑧、⑫、⑰です。

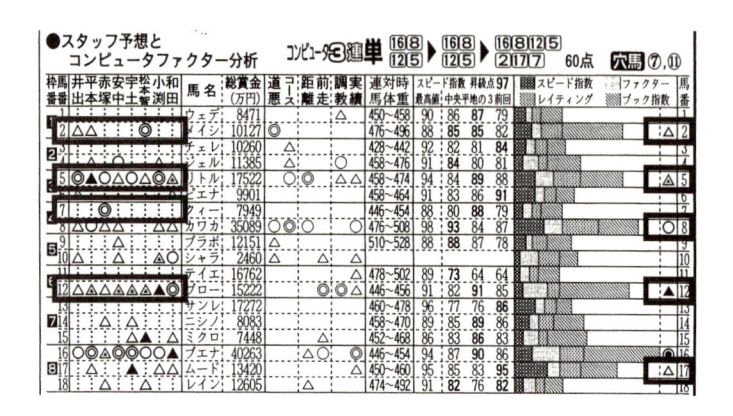

馬番⑯のブエナビスタ以外にスタッフが付けている◎は、

「スタッフ予想とコンピュータファクター分析」で馬番②、⑤、⑦、⑫で、出走表では馬番⑮です。

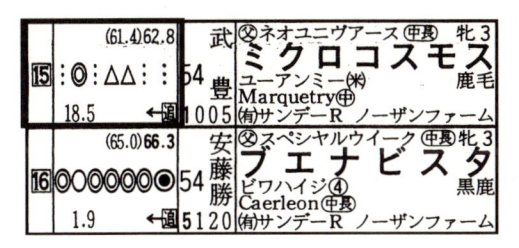

	(61.4)62.8	武豊 54	㊆ネオユニヴァース㊥長 牝3
⑮ ：◎：△△：：			ミクロコスモス
			ユーアンミー㊨ 鹿毛
			Marquetry㊥
18.5	←㊨ 1005		㈲サンデーR ノーザンファーム
	(65.0)66.3	安藤勝 54	㊆スペシャルウィーク㊥長 牝3
⑯ ◯◯◯◯◯◉			ブエナビスタ
			ビワハイジ④ 黒鹿
			Caerleon㊥長
1.9	←㊨ 5120		㈲サンデーR ノーザンファーム

「スタッフ予想とコンピュータファクター分析」の◯▲△△と、スタッフの◎に重複している馬番があるので、ヒモは馬番②、⑤、⑦、⑧、⑫、⑮、⑰の7頭になります。

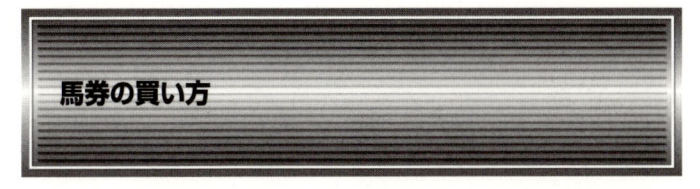

馬券の買い方

　馬券は、馬連か3連複（2頭軸流し）かのどちらかです。どちらにするかは、軸馬の信頼度によって変わってきます（詳しくはPART2で解説します）。軸馬が2着は固いと判断したら馬連に、2着以内より3着以内のほうが確実だと判断したら3連複の軸馬の1頭にします。

　馬連の場合は軸馬からヒモに流せばいいのですが、3連複（2頭軸流し）の場合はもう1頭の軸馬を見つけなくて

はなりません。それはヒモのなかから見つけます（こちらも詳しくは PART 2 で）。ちなみにこのレースは不的中。

　私が3連複の2頭軸流しにこだわるのは、1頭軸流しだと馬券の点数が多くなるからです。「少ない点数で的中」というのが、私のスタンスです。

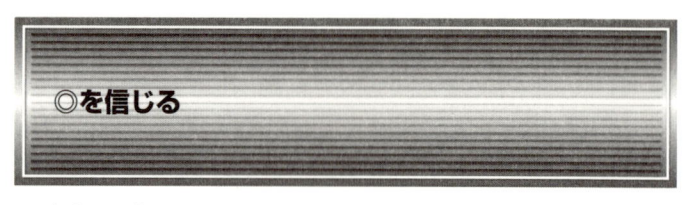

◎を信じる

　実際にデータを使って説明します。実例は、11月14日の東京10レースの晩秋特別（1000万下2400m芝）です。
「スタッフ予想とコンピュータファクター分析」一番右の◎は、馬番①のトップカミングです。トップカミングにスタッフの◎は出走表を含めて7つあるので、この馬が軸です。

　ヒモは「スタッフ予想とコンピュータファクター分析」一番右の○▲△△と、スタッフの◎がある馬なので、馬番③、④、⑥、⑧の4頭になります。

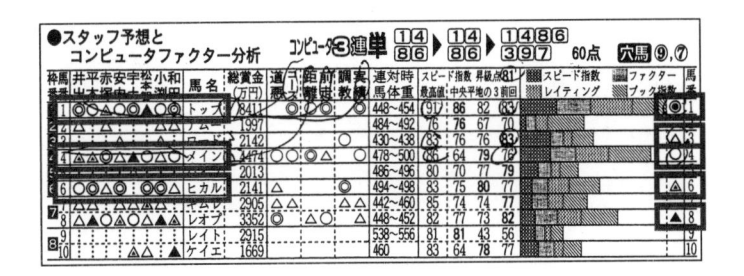

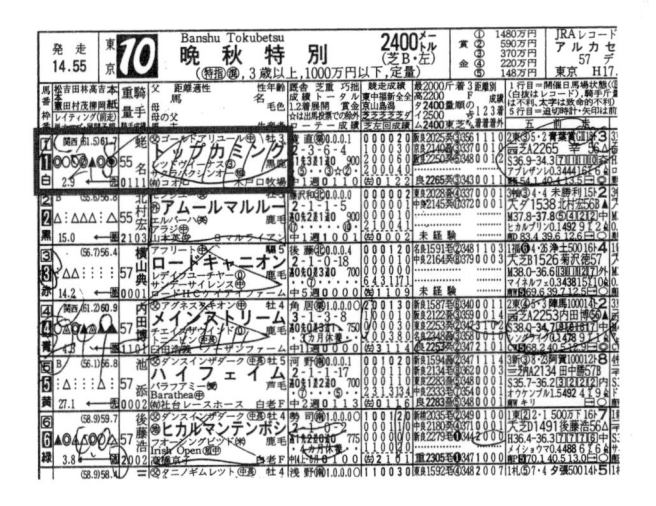

次に軸馬の信頼度を判定するために、出走表でトップカミングの成績を見ます。

5走前にG2で3着という成績があるので、1000万下では明らかに格上です。しかし、全成績を見ると3着が多い馬で、現に2走前では今回と同じ1000万下という条件で3着でした。そこで馬券は3連複（2頭軸流し）を選択しました。
　ヒモのなかからもう1頭の軸馬を探します。私が選んだのは馬番④のメインストリームです。

　3走前に1000万下で東京2400m芝のレースという、今回とまったく同じ条件で勝っているからです。鞍上も内田博で、信頼に足ると判断しました。
　そこで、トップカミング（馬番①）とメインストリーム（馬番④）の2頭を軸にして、馬番③、⑥、⑧の3頭に流す3点で良いのですが、どうしても消せない馬番②も加えて、全部で4点買いにしました。

PART 1
競馬ブックは読まずに見なさい！

　結果は次のとおりになり、3連複3850円が的中しました。ちなみに3連単は12440円でした。

1着　①番　トップカミング　　1番人気
2着　④番　メインストリーム　2番人気
3着　③番　ロードキャニオン　7番人気

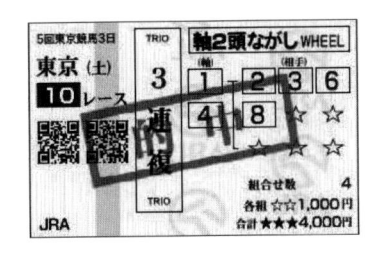

PART 2
信頼できる軸馬を ピックアップする

軸馬はどれくらい信頼できるか？

　PART1で、大まかに流れを解説しましたが、ここでは詳細に説明します。どんな軸馬が信頼できるか、3連複の軸のもう1頭をどうやって見つけるかなど、参考にしてください。

【信頼できる軸馬の見分け方①】前走2着馬

　軸と決めた馬の前走を見てください。前走が2着だったら、ひとまず安心です。しかも今回と同じ条件のレース（例えば、前走と今回が「東京、500万下、2000m、芝」という同条件）での2着なら、なおさら安心できます。
　さらに、1着との差がハナ、クビ、アタマ差といった2着なら申し分ありません。3連複はもちろんですが、馬連の軸馬にしても良いでしょう。
　しかし、同じ2着でも1着との差が1秒前後もあると疑問です。信頼できる軸馬とはいえません。

```
4東④10・18 500万下 16 ②
芝ダ1241 北村宏55
H35.7-36.4   7 5 4 奈
シーフォー ク 49815ﾊ2
```

=結=論=

前走同条件でハナ、クビ、アタマ差2着ならOK

【信頼できる軸馬の見分け方②】前走3着馬

　それでは、軸馬の前走が3着だったらどうでしょう。ここでも前走と同条件だったら、軸馬候補です。1着との着差も問題になりますが、0.5秒くらいまでなら大丈夫でしょう。

　ただし、3連複の軸とします。なぜなら前走3着だった馬は今回も3着が多いものだからです。これは前走2着だった馬にもいえることで、同じ着順は続きがちです。前走2着の馬を馬連の軸にできるのは、こうした理由からです。

```
4中山③ 9・19 500万下 16³
三ダ1119 松 岡55△
H34.0-37.9  ⑥⑤③中
フェイクスタ0.546416½ 2☆
```

━━━━━━ 結＝論 ━━━━━━

前走が同条件の 3 着は 3 連複の軸

━━━━━━━━━━━━━━━━━━━━━━
　【信頼できる軸馬の見分け方③】 2 着続き
━━━━━━━━━━━━━━━━━━━━━━

　前走が 2 着だったら、前々走の成績も見てください。前々走も 2 着だったら、両方の着差に注目します。例えば「0.2秒差、0.1秒差」などと続いていたらいいのですが、「クビ差、ハナ差」と続いていたら要注意です。接戦で敗れた馬は消耗している可能性があり、馬券に絡まないことが多いのです。

　それでは 2 着が 3 回続いていたらどうでしょう。着差に関係なく、評価を下げます。だいたい馬の好調期間は 2 カ月くらいです。中 2 〜 3 週で使い続けていたら、2 カ月経った 4 回目は馬の調子は落ちるものです。2 着が 3 回続いた馬は危ないと判断しましょう。

4東⑥10·25 500万下 16 ②	東②11·8 牝500万 15 ②
芝ダ1190 内田博53 △	西ダ1257 勝浦54 △
H35.3-37.8　⑥②②中	M36.4-37.3　④⑤③外
ギンザナイト0.3 47415¼ 6人	シュンカジョ0.1 47613¼ 3人

═結═論═

激戦の2着2回続きと、2着3回続きの馬はケシ

【信頼できる軸馬の見分け方④】 3着続き

　前走3着、前々走3着の馬にも触れましょう。2着と違って3着はハナ、クビ差といった接戦は、そう多くありません。前述したように着順は続きがちなので、3着、3着と来て今回も3着ということはあり得ます。この時は3連複の軸になります。

　ただし、3着が3回続いた後の4回目は危険です。2着が3回続いた馬と同様に、好調子はそう長く続きません。

　軸馬としての評価は下げざるを得ません。

=結=論=

3着続きは3回まで、4回はない

【信頼できる軸馬の見分け方⑤】クラス

　ブックの出走表には、だいたい前5走くらいまでの成績欄が掲載されています。その成績欄を見て今回のレースより格上のレースで良積があったら、軸馬として信頼できます。

　例は1000万下のレースです。馬番①のトップカミングは5走前にG2で3着の成績があります。1000万下では明らかに格上です。軸馬にして差し支えありません。

結論

格上の軸馬は買い

【信頼できる軸馬の見分け方⑥】前走人気

　軸馬の前走人気にも注目しましょう。前走1番人気で2着3着に惜敗した馬なら、巻き返しが可能です。今回も馬券に絡むと思って間違いないでしょう。

　反対に、前走が人気薄で2着3着だった馬は要注意です。ペースや位置取り、展開などに恵まれた場合が考えられます（厩舎コメントや短評などで判断します）。軸馬としての評価は落としていいでしょう。

　未勝利戦では、成績欄に軸馬の初戦が掲載されていたら、人気にも注目しましょう。もし1番人気で負けていたら、前走で1番人気になっていなくてもかまいません。初戦に1番人気になるような馬は、たとえ成績が悪くても、期待度が高いからです。前走の成績が悪くて人気を落としている可能性があります。前走人気と同様に初戦人気にも要注意です。

```
4東⑧11・1 精進100010ト 2
芝B2027 蛇 名55 ⓪
S39.0-33.6 ②②②
アグネスエナ0.1454 6  ①
栗阪 56.0 41.3 12.9
```

====結＝論====

前走1番人気で2、3着の馬は買い

【信頼できる軸馬の見分け方⑦】スピード指数の昇級点

「スタッフ予想とコンピュータファクター分析」には、スピード指数という欄があります。昇級点（そのクラスのスピード指数）の右横に書かれた数字と、軸馬の最高値や前回の数字と比べます。軸馬の最高値や前回の数字が、共に昇級点の数字と同じか上回っていたら安心です。

右頁の上の図は、昇級点が81、軸馬の最高値が91、前回が83です。軸馬の数字が共に昇級点を上回っているので、この条件をクリアしたといえます。

下の図は、昇級点が70、軸馬の最高値と前回が共に65です。昇級点より低いので軸馬としては危険です。

PART 2
信頼できる軸馬をピックアップする

●スタッフ予想と
　コンピュータファクター分析　コンピュータ3連単　①④▶①④▶①④⑧
　　　　　　　　　　　　　　　　　　　　　　　　⑧⑥　⑧⑥　③⑨⑥

枠番	馬番	井出	平本	赤塚	安中	宇土	松本	小渕	和田	馬名	総賞金(万円)	道悪	血統	距離	前走	調教	実績	連対時馬体重	スピード指数 最高値	昇級点 中央平地の 前回 81
1	1	◎	◎	△	◎	◎	▲	◎	◎	トップ	8411	◎	◎	○		○		448~454	91 86	82 83
2	2		△					△	△	アムー	1997							484~492	76 76	67 70
3	3	△		△		△				ロード	2142				○			430~438	83 76	76 83
4	4	○	◎	△	△	▲	△	○	△	メイン	4474	○	○	◎	△		○	478~500	86 64	79 79
5	5					△				ハイフ	2013							486~496	80 70	77 79

●スタッフ予想と
　コンピュータファクター分析　コンピュータ3連単　⑤④▶⑤④▶⑤④③
　　　　　　　　　　　　　　　　　　　　　　　　③①　③①　⑬⑯①

枠番	馬番	井出	平本	赤塚	安中	宇土	松本	小渕	和田	馬名	総賞金(万円)	道悪	血統	距離	前走	調教	実績	連対時馬体重	スピード指数 最高値	昇級点 70 中央平地の3前回
1	1	○	○	△	△		△	△		シュプ	50	◎	○	○	△				58	44 58
	2									ラビン	70				△	△			54 49	54 38
2	3	△	△	△		▲	▲	△		コスモ	3,210	○	△	△					65 51	64 45
	4	△	○		△	△	▲	○	△	ゴール	0			△	△				60	60 60
3	5	◎	◎	◎	◎	◎	◎	◎	◎	カロル	280	○		◎	○	◎	○	492	65	65
	6									ディー	0									30
4	7									デルマ	50		○		△	△			58 30	58 39
	8									ホッカ									25	25

=結=論=

スピード指数の最高値と前回の数字が昇級点以上なら買い

【信頼できる軸馬の見分け方⑧】全成績

軸馬の全成績から信頼度を判定します。全成績は馬名の右欄の上から2行目に書いてあります。例では、左から2

―3―6―4となっています。これは1着が2回、2着が3回、3着が6回、着外が4回ということです。一目で3着が多いことに気づきます。次に2着と3着の間でわけて、左右の数字を足してみます。左側は2＋3＝5で、右側は6＋4＝10です。足した数字を比べると、連対の割合が低いことがわかります。今度は1〜3着までの数字を足してみます。2＋3＋6＝11で、着外の数4と比べると複勝の割合が高いことがわかります。ここから、この軸馬は馬連より3連複にふさわしいと判断できます。

═══ 結＝論 ═══

全成績で3着以内が多い馬は3連複の軸

【信頼できる軸馬の見分け方⑨】競馬場別成績

競馬場別の成績から、軸馬の信頼度を判定します。例えば、東京・芝のレースだったら、「競走成績」欄の「東京芝」の列を見ます。一番上から０－１－２－２とあったら、１着が０回、２着が１回、３着が２回、着外が２回ということです。前のページで連対割合や複勝割合を比べた方法で判断すると、連対より複勝で信頼できることがわかり、３連複の軸馬にします。

競走成績					
東京芝	中山芝	福島芝	新潟芝	全芝	全ダ
芝	左回成績				
0	0	0	0	2	0
1	0	0	0	3	0
2	0	0	0	6	0
2	0	0	0	4	0
(左)	0	1	2	2	

=====結=論=====

競馬場別の成績で３着以内が多い馬は３連複の軸

【信頼できる軸馬の見分け方⑩】芝（ダート）別成績

　芝またはダート別の成績から軸馬の信頼度を判定します。芝やダートの成績は、「競走成績」欄の右2列に書いてあります。例えば、芝のレースで上から2－1－0－2とあったら、5戦のうち2着以内が3回あることがわかります。

　馬連で勝負できるので、馬連の軸馬にします。

```
1 0 0 1 2 0
0 0 0 1 1 0
0 0 0 0 0 0
1 1 0 0 2 0
(右)2 1 0 1
```

＝＝＝＝＝結＝論＝＝＝＝＝

芝（ダート）別の成績で2着以内が多い馬は馬連の軸

【信頼できる軸馬の見分け方⑪】距離別成績

　距離別成績から軸馬の信頼度を判定します。例えば、

2400mのレースだったとします。「距離別成績」欄の上から3行目が、その馬の2400mの成績です。左から3－1－0－2とあったら、6戦のうち4回連対しているので、馬連の軸馬として信頼できます。

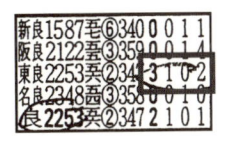

```
新良1587毛⑥340 0 1 1
阪良2122芸③359 0 1 4
東良2253芙②34 3 1 0 2
名良2348茜③35 0 0 1 0
良2253芙②347 2 1 0 1
```

=結＝論=

距離別成績で2着以内が多い馬は馬連の軸

【信頼できる軸馬の見分け方⑫】タイム

　ブックには、そのレースの推定タイムや、出走馬の最高タイムが載っています。両方のタイムを比較して、軸馬の信頼度を見ます。
　良や稍重のレースだったら、推定タイムの良の行を見ます（重や不良だったら、重不の行）。次に各馬の最高タイム欄の一番下の行を見ます。それが、そのレースと同条件

の最高タイムです。各馬のそれを比べて、一番速い数字をピックアップします。このとき、良や稍重のレースだったら、重や不良のタイムは除きます（反対に、重や不良のレースだったら、良や稍重のタイムは除きます）。

　実際のレースで解説しましょう。11月14日、東京10レースは芝2400mの稍重だったので、推定タイムの良の数字を見ます。「良2.25.5」とあるのは2分25秒5ということです。次に各馬の最高タイムを比べます。馬番④が「良2253」で一番速いタイムを持っています。つまり、東京芝2400mの良で2分25秒3の最高タイムがあることを示しています。

　馬番④の最高タイムが推定タイムを上回っていて、このタイムが軸馬のものだったら、軸馬として信頼できます。

　推定タイムを上回った最高タイムをいつ出しているかも重要です。馬番④が5走前に出しているように、成績欄に載っている期間のタイムならば問題ありませんが、それより以前の最高タイムでは信用できません。特に古馬が昔に出したタイムは当てになりません。

―――――――結＝論―――――――
最高タイムが一番速く、推定タイムより速い馬は買い

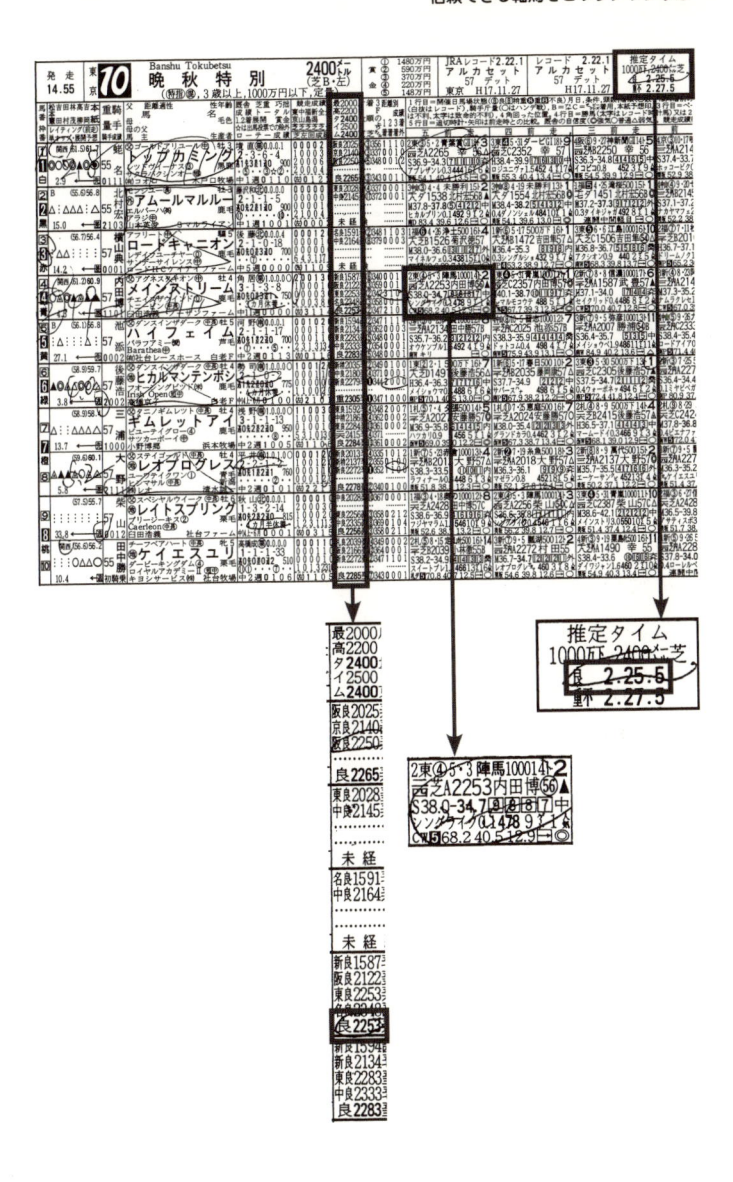

PART 2
信頼できる軸馬をピックアップする

【信頼できる軸馬の見分け方⑬】騎手

　軸馬にどんな騎手が乗っているかも重要です。軸馬に乗った騎手の成績を見ます。例えば、騎手が内田博で成績が左から1―1―0―1とあったら、1着が1回、2着が1回、3着が0回、着外が1回ということです。内田博のようなリーディングジョッキーがこの成績なら、軸馬として信頼して間違いありません。勝利数の多い騎手の成績はブックに記載されている「リーディング上位騎手」という表で確認できます。

```
┌─────┐
│内田博│
│ 57  │
├─────┤
│1101 │
└─────┘
```

　以上が、信頼できる軸馬の見分け方ですが、すべての条件を満たしていなくてもかまいません。総合的に判断して軸馬として信頼できれば問題ありません。

結=論

リーディング上位の騎手は買い

【危ない軸馬の見分け方①】信用できない騎手

　次は、危ない軸馬の見分け方を紹介しましょう。

　前のページと反対に、信用できない騎手の場合です。「スタッフ予想とコンピュータファクター分析」の一番右の印が◎で、スタッフの多くが◎を打っている軸馬が出走しているレースが京都でありました。騎手の欄を見ると若手で、前走までの騎手は武豊でした。その日、武豊は東京のGレースに乗りに来ていたので、京都では乗り替わったわけです。馬の実力からいって騎手は問題ないと誰もが判断したのでしょうが、その馬は着外に敗れました。

　軸馬が誰から誰に乗り替わっているか、注意が必要です。リーディング下位→上位は問題ありませんが、上位→下位は危険です。

　ブックでは騎手が乗り替わった場合、騎手名を太字にしてあります。

騎手	重量
騎手成績	
蛯名	55
0 1 1 1	
北村宏	55
2 1 0 3	
横山典	57
0 0 0 1	

═══ 結═論 ═══

リーディング下位に乗り替わっていたらケシ

【危ない軸馬の見分け方②】印のない軸馬

「スタッフ予想とコンピュータファクター分析」の一番右の印が◎で、スタッフの多くが◎を打っているのに、スタッフの誰かが無印にしている軸馬は危険です。

　実例は、11月28日の京都11レースの京阪杯です。軸馬となったのは馬番③のアルティマトゥーレでした。スタッフ15人のうち◎は8つと多かったのですが、2人が無印にし

ていました。アルティマトゥーレは前々走Ｇ２で勝っていて実力は上なのでしょうが、「関東から遠征の牝馬」「京都初」といったところが悪かったのでしょうか、８着に敗れてしまいました。

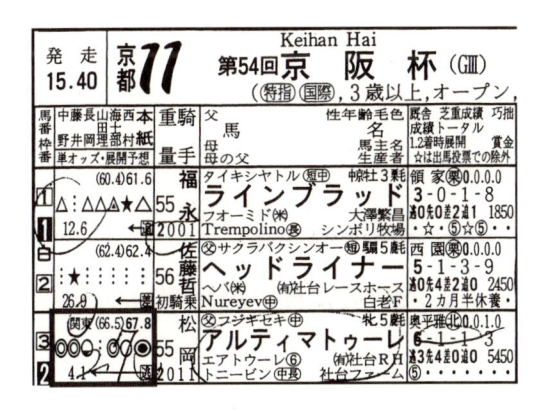

●スタッフ予想とコンピュータファクター

===結＝論===

スタッフの誰かが無印の軸馬は危ない

【危ない軸馬の見分け方③】◎と○のグラフ

「スタッフ予想とコンピュータファクター分析」には、スピード指数やブック指数などを棒グラフにしてあります。棒グラフの一番長いのが、棒グラフ右横の◎です。次に長いのが○で、▲△△と続きます。

　◎と○の棒グラフの長さがほとんど同じ場合があります。これは◎と○の能力差がないことを意味しているので、危険な軸馬といえます。

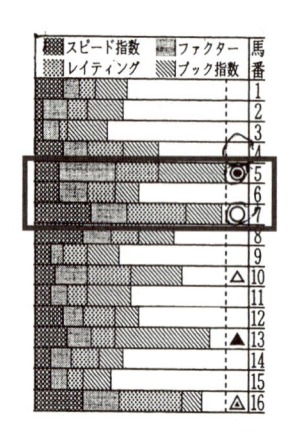

結=論

◯の棒グラフと差が少ない軸馬は危ない

【危ない軸馬の見分け方④】押し出された１番人気

「スタッフ予想とコンピュータファクター分析」やスタッフの印に◎が多く並んで、一見軸馬にしてもよさそうなときに、落とし穴が待っています。前走の成績を比べてみて、軸馬だけが２着で他の馬は掲示板にも乗らないといった場合で、未勝利戦などに見られます。

実例を挙げましょう。11月８日、東京３レースの２歳未勝利牝馬戦です。馬番⑦のヴィーナススマイルは「スタッフ予想とコンピュータファクター分析」で◎、スタッフの◎が８つで、軸馬の条件を満たしています。前走の成績は３着で、軸馬にして問題ないように思えます。他の馬は今まで３着以内がなくて、前走も５着以下だったので、ヴィーナススマイルは押し出されたような形で単勝2.0倍の１番人気になりました。ところがヴィーナススマイルの成績を検討すると、全４戦して前走が初めての３着、前走の人気が７番人気、今回は初距離といった不安材料があり

ました。結果、ヴィーナススマイルは6着に敗れました。
このように押し出されたような1番人気は危険です。

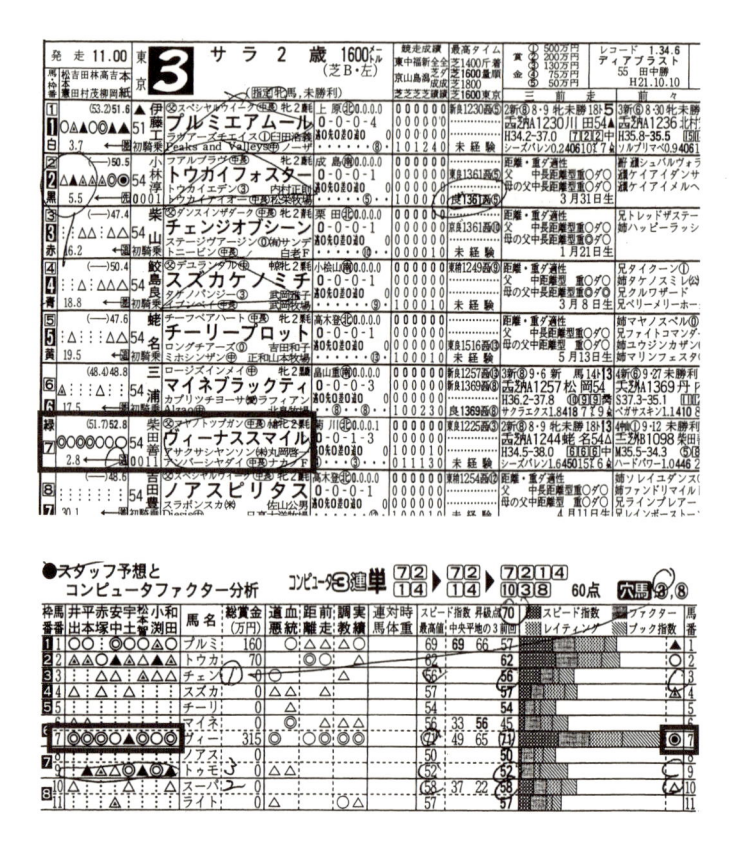

PART 2 信頼できる軸馬をピックアップする

==結=論==

押し出された1番人気の軸馬は危ない

【危ない軸馬の見分け方⑤】1番人気の牝馬

　だいたい、軸馬の条件を満たしている馬は1番人気になる可能性が高いのですが、その馬が牝馬かどうかチェックする必要があります。牝馬は一般に調子の波が激しく、あまり当てにならない場合が多いのです。

　これも実例で解説します。11月8日、東京9レースの1000万下です。馬番⑧のシングライトバードは軸馬で牝馬です。3走前に1000万下を勝っていて、前々走1600万下で10着の後に休養しています。前走は4カ月の休養明けで1000万下5着でした。格上馬がひと叩きされて今回は馬券に絡むだろうと誰もが思い、単勝2.4倍の1番人気になりました。

　しかし不安材料もあります。休養明け2戦目の二走ボケ、東京に良積がない、乗り慣れていない外国人ジョッキーに乗り替わっている、といったところです。

　結果は5着に敗れ、1番人気の牝馬は信用できないこと

が証明されてしまいました。

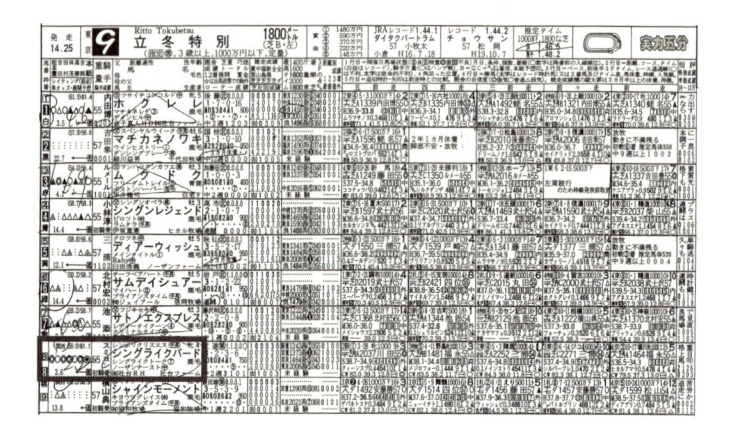

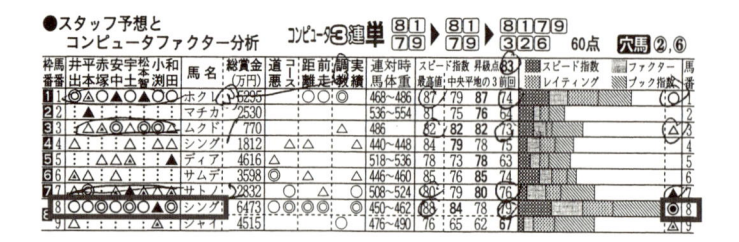

結＝論

1番人気の牝馬の軸馬は危ない

【危ない軸馬の見分け方⑥】競馬場が初体験

　前走までの成績が安定していても、競馬場が前走と替わったときは要注意です。特に未勝利戦で、その競馬場で初めて走る場合は信頼度が落ちます。

　実例を挙げましょう。12月6日、中山1レースの2歳未勝利戦です。馬番⑤のタケショウカヅチは軸馬としての条件を満たしていました。全4戦して3、2、4、2着と成績も安定していて、2着になったときは共にクビ差でした。ところが、この成績は新潟と東京での成績で、中山は初めてです。また、中山は新潟や東京と違って右回りです。結果は5着に敗れてしまいました。

――結=論――

競馬場が初の軸馬は危ない

　以上が危ない軸馬の見分け方ですが、すべての条件を満たしていなくてもかまいません。総合的に判断して、軸馬として信頼できなければ馬券を見送ります。

PART 3
ヒモ・複勝馬を探す

ヒモの見つけ方

　ヒモの候補は、PART1で書いたように、以下のようになります。

■1「スタッフ予想とコンピュータファクター分析」一番右の印で、◎以外の○▲△△
■2軸馬以外にスタッフの誰かが付けている◎

　ヒモの条件は基本的にこれで問題ありませんが、買わない馬の根拠を探します。つまり「裏を取る」作業です。詳しくは次のページから説明します。

15	(61.4)62.8 :◎:△△:: 18.5 ←逼	武豊 54 1005	㊋ネオユニヴァース(中長) 牝3 ミクロコスモス ユーアンミー㊊ 鹿毛 Marquetry㊥ ㈲サンデーR ノーザンファーム
16	(65.0)66.3 ◎○◎◎◎◎◉ 1.9 ←逼	安藤勝 54 5120	㊋スペシャルウイーク(中長) 牝3 ブエナビスタ ビワハイジ④ 黒鹿 Caerleon(中長) ㈲サンデーR ノーザンファーム

結論

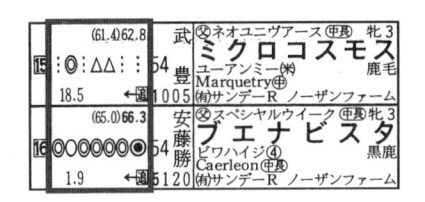

ヒモは「スタッフ予想とコンピュータファクター分析」の○▲◬△と、スタッフの◎

【切る馬の根拠を探す①】成績

ヒモにしなかった馬の成績を見ます。全成績が例えば左から0―1―2―14となっているとします。17戦して連対はわずか1回なので、連対する確率はかなり低いと判断します。馬連で買う場合は切ってもかまいません。

また、全成績に特徴がなければ、競馬場別の成績を見ます。出走レースと同じ競馬場の成績が、例えば上から0―0―0―3となっているとします。一度も3着以内がなかったことになり、馬連、3連複共に馬券の対象外です。

同じように距離別の成績も見て、切るかどうか判断します。

```
石 栗 北 ○ 0.1.1.2 0 0 0 0 0
     0 - 1 - 2 -14  0 0 0 1 0 1
    ○ ○ 差 1 ○   20 0 1 0 1 0 2
    ⑥ ・ ・ ⑨ ④ ・ ・  3 3 2 2 0 14
```

———— 結＝論 ————

2、3着の回数が少ない馬はケシ

【切る馬の根拠を探す②】前走

　前走で同じレースを走った馬たちが、今回のレースでも出てくるケースがあります。その場合は前走の着順やタイムを比較します。前走が今回と同じ条件のレースだったら、尚更有効です。

　実例を挙げて説明しましょう。11月14日、東京10レース（1000万下芝2400m）で、馬番⑧のレオプログレスには、「スタッフ予想とコンピュータファクター分析」に▲があるのでヒモの一頭です。前走は東京の1000万下芝2400mという同じ条件で、2着になっています。

　他の馬の前走を見ていくと、レオプログレスと同じレースだったのは、馬番⑤、⑦、⑩の3頭がいます。そのとき

の成績は5、8、7着で、タイムもレオプログレスが1着と0.1秒差だったのに対し、5着の馬は0.6秒差でした。ここから判断して、この3頭はヒモにしなくて良いことになります。

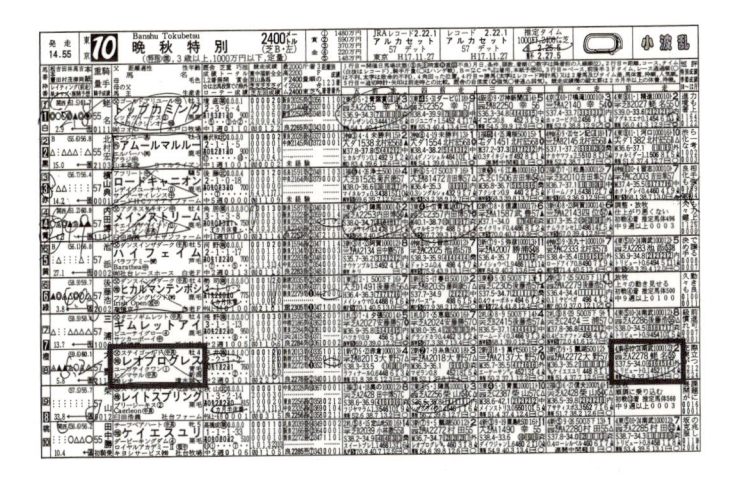

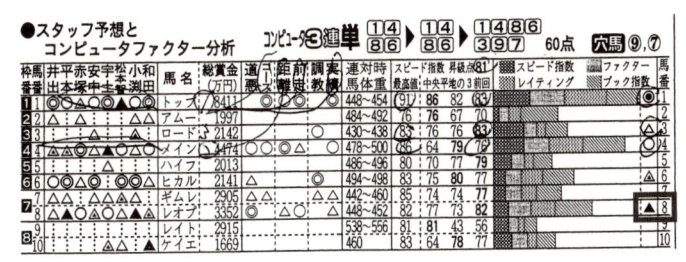

=結=論=

前走が同じレースで着順と着差の悪い馬はケシ

【切る馬の根拠を探す③】棒グラフを見る

「スタッフ予想とコンピュータファクター分析」の棒グラフは、◎○▲△△の順に短くなります。△の棒グラフと、印が付いていない馬の棒グラフの長さを比べることによって、切る根拠が見つかります。

　△より明らかに棒グラフが短い馬は切ってかまいません。例は11月14日、東京10レースです。馬番③の△より棒グラ

フが短い馬番②、⑤、⑨、⑩の馬が、切る対象になります。

△と棒グラフがあまり違わない馬は切らないほうがいいでしょう。印が回らなかっただけと考えられるからで、とりあえずヒモ候補として残しておきましょう。他に切る根拠が見つかったら、切れば良いのです。

=結=論=

△より明らかに棒グラフが短い馬はケシ、変わらない馬は残す

【切る馬の根拠を探す④】コメントを見る

短評、厩舎コメント、調教コメントから、切る馬の判断ができます。短評は出走表の一番右端に、厩舎コメントは

馬名の次に、調教コメントは調教欄の馬名の次に掲載されています。

　短評が「本調子に一息」「現級は相手強」「不安が先立ち」などのようにマイナス評価だったら、ヒモからハズします。厩舎コメントが「動き今イチ」「攻めひと息」「どこまで」などのように消極的だったら、同じようにケシます。調教コメントが「平凡な動き」「前走より動かず」「気配今ひとつ」などのように良くなかったら、こちらも切ってかまいません。

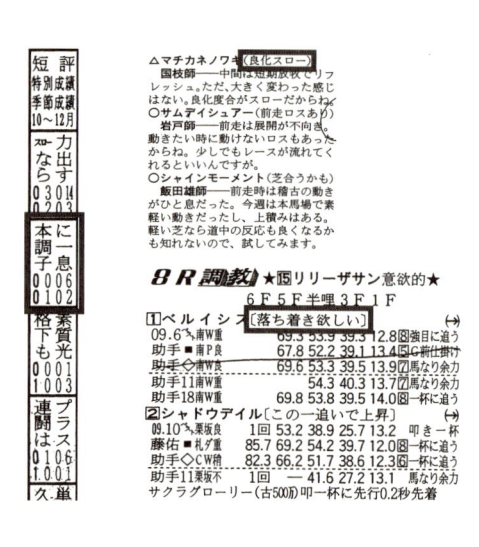

　以上のような方法でも切る根拠が見つからなかった馬は、ヒモに加えます。

====結―論====

短評やコメントが悪かったらケシ

【3連複の軸もう1頭の見つけ方①】
成績や騎手などから判断

　ヒモのなかから3連複の軸馬を探すのは「信頼できる軸馬の見分け方」と同じように成績や騎手などから判断します。

　実例を挙げましょう。11月1日、東京7レース（500万下ダート1400m）、軸馬は馬番⑨のユノゾフィーで、ヒモは7頭いました。ユノゾフィーの全成績を見るとすべて3着以内なので、3連複の軸馬の1頭になります。

　ヒモのなかからもう1頭の軸馬を見つける作業のなかで、私が注目したのは馬番⑩のシャイニングアワーでした。前走が1年2カ月の休養明け3着で、今回と同じ東京500万下ダート1400m。騎手は武豊だし、距離別成績が3戦すべて3着以内というところも信頼がおけると判断して、この馬をもう1頭の軸馬にしました。

　3連複の点数は全部で6点。結果は1着から順に馬番⑩、⑨、③と入り、馬番③をヒモに加えていたので、1020円が

的中しました。

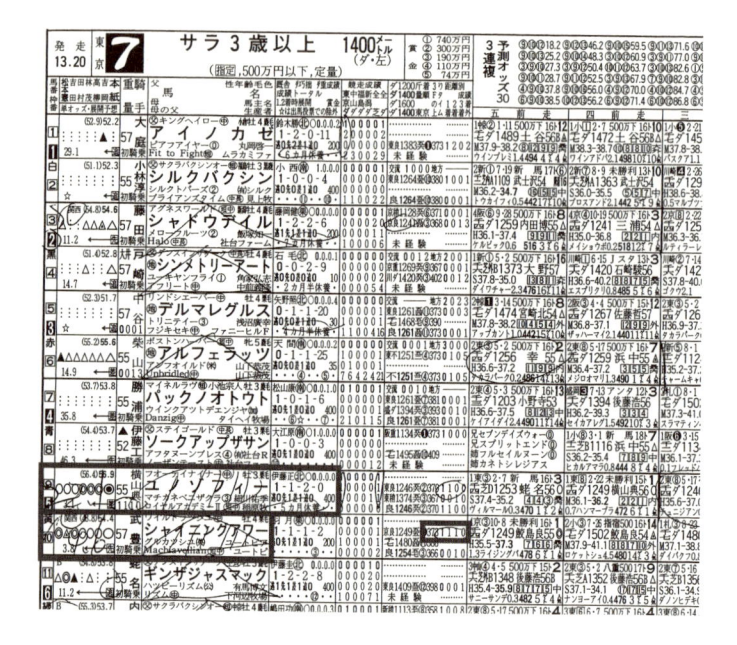

=結=論=

信頼できる軸馬の見分け方と同じ

【3連複の軸もう1頭の見つけ方②】棒グラフを見る

「スタッフ予想とコンピュータファクター分析」の◯▲△△の棒グラフから、3連複の軸のもう1頭を見つけることもできます。◯と▲△△の棒グラフの長さを比較して、明らかに◯の棒グラフが▲△△より長ければもう1頭の軸馬になります。

例は11月14日、東京10レースです。図を見ると、馬番④の棒グラフ◯は▲△△よりかなり長いことがわかります。結果は1着が馬番①の◎、2着が馬番④の◯、3着が馬番③の△となり、3連複の軸を馬番①と④にして正解でした。馬番③をヒモに加えていたので、3850円が的中しました。

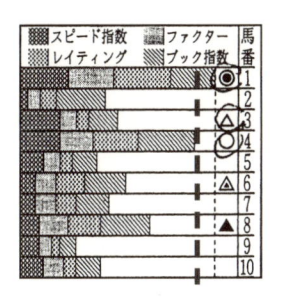

結―論

棒グラフの○が▲△△より明らかに長ければ買い

【3連複の軸もう1頭の見つけ方③】軸馬の隣を見る

　軸馬の隣をヒモに選んでいたら、3連複の軸のもう1頭にできることがあります。隣の馬同士で馬券に絡むことがよくあります。特に人気馬同士が並んでいたり、人気馬の隣の馬が一緒に来たりします。人気馬同士は相手を意識しながら乗り、隣の馬は人気馬を目標に騎手が乗るからでしょうか。

　軸馬の隣でヒモというだけで選ぶのは危険ですが、他の「3連複の軸もう1頭の見つけ方」の条件に当てはまっていたら狙ってみましょう。

　実例を紹介します。12月6日の重馬場で行われた中山8レースです。馬番⑧のシャルルマーニュが軸馬で、ヒモは8頭（うち1頭は出走取消となって最終的には7頭）いました。軸馬の両隣を見ると、どちらもヒモでした。

　馬番⑦のタイキジャガーは「重成績が良い」「調教時計が良い」（共に後述します）といったプラスの要因があり

ました。それに対して馬番⑨のダイバクフは「短評が良くない」「調教コメントが良くない」というマイナス部分があるので、馬番⑦が3連複の軸のもう1頭になります。

結果は1着が馬番⑧、3着が⑦で、他のヒモが2着に入り、3連複3400円が6点で的中となりました。

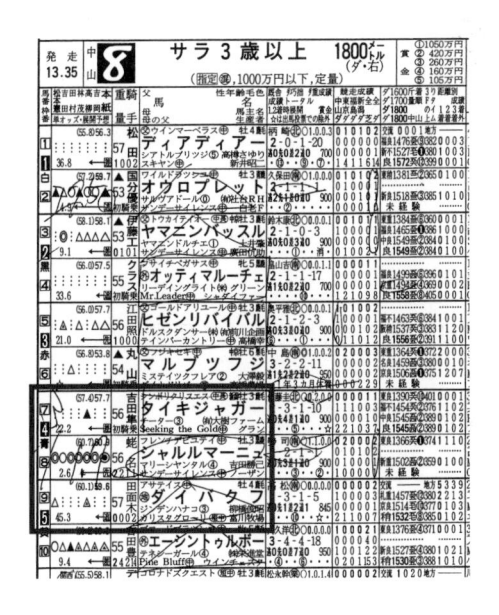

= 結 論 =

軸馬の隣のヒモは買い

【3連複の軸もう1頭の見つけ方④】脚質

　ヒモに選んだ馬の脚質から、3連複の軸のもう1頭が見つかることもあります。脚質が「逃」となっていたら、逃げ馬が残るケースがあるからです。たいていのコースで、逃げ馬が[1]枠に入っていたら有利で、追い込み馬の[1]枠は不利です。ブックでは、脚質は出走表のスタッフの印の右下に書いてあります。

　ヒモに選んでいる馬が[1]枠で、「逃」と表記されていたら、3連複の軸のもう1頭になります。

―――結＝論―――

[1]枠の逃げ馬は買い

【3連複の軸もう1頭の見つけ方⑤】枠

　競馬場のコース形態によって、枠の不利有利があります。有名なのは中山1200mのダートです。スタートしてからしばらく芝の部分を走り、その距離が内枠より外枠のほうが長いので、外枠が有利といわれています。特に逃げ馬が外枠に入ったら要注意です。ヒモに選んだ馬が外枠で逃げ馬だったら、3連複の軸のもう1頭にできます。

　12月6日の中山10レースは1200mのダートでした。大外の馬番16のハイエモーションは軸馬でヒモではないのですが、適当なケースがないので、このレースで説明します。ハイエモーションは前走で先行して3着に粘っていますが、脚質は逃げとなっています。短評には「力断然ゲートだけ」とありますが、後入れの大外ならスタートも問題ありません。もしこの馬が軸馬でなかったら、3連複の軸のもう1頭になります。

　結果は馬番16が先行して2着に残りました。

結＝論

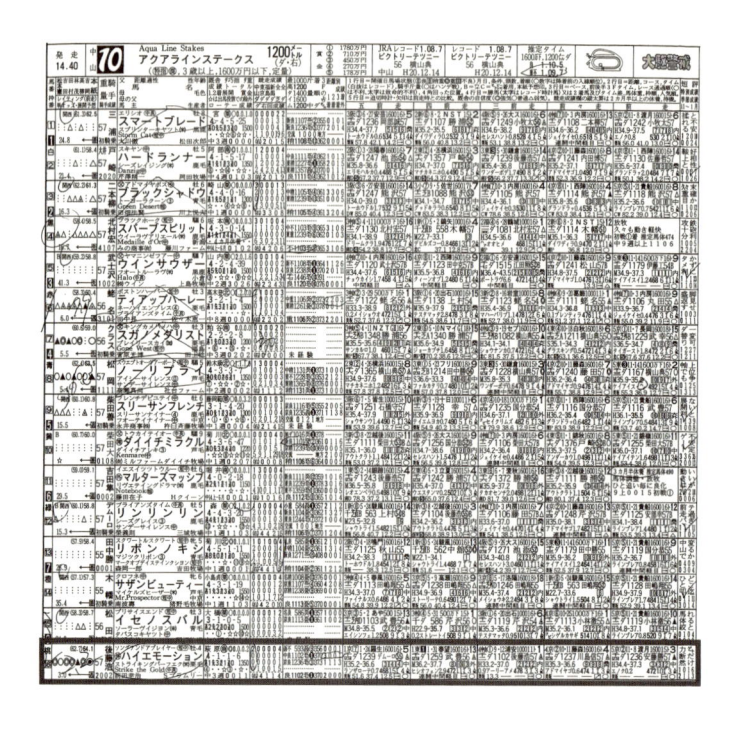

中山1200mのダートは大外が買い

【3連複の軸もう1頭の見つけ方⑥】馬場状態

　馬場状態が重や不良だったら、重成績から3連複の軸のもう1頭を見つけることができます。ブックでは重成績は厩舎名の横に書かれています。左から順に4つの数字が並んでいて、1着、2着、3着、着外を表しています。例えば0．2．0．0だったら、重馬場で2着が2回あるということです。

　出走馬のなかから重成績が良い馬を探します。重成績が良いかどうかは連対率で判断します。といっても数字を出す必要はありません。2着と3着の間に線を引き、左側の数字の合計と、右側の数字の合計を比べて、左側が大きければ「良い」と判断します。例に挙げた場合だと比べるまでもありませんが、左は2で右が0なので連対率は良いとなります。

　実例を挙げましょう。12月6日の中山8レースで重馬場でした。重成績が良い馬は馬番⑦、⑧、⑯の馬です。

　このうち軸馬は馬番⑧、ヒモに選んだなかに馬番⑦が入っていて、必然的にこの2頭が3連複の軸馬になります。

　結果は1着が馬番⑧、3着が⑦で、他のヒモが2着に入り、3連複3400円が的中となりました。

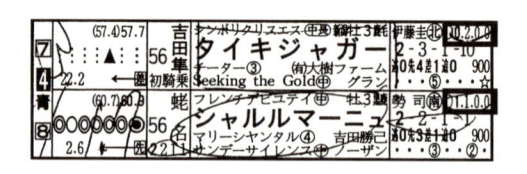

=結=論

重や不良なら重成績の良い馬は買い

【3連複の軸もう1頭の見つけ方⑦】調教欄

　ブックの調教欄には、その馬の調教の良さを示すバロメーターを矢印で表しています。矢印は馬名の一番右に表記されています。↑は一変、↗は良化、→は平行線、↘は下降気味、↓は下降を示しています。↑と↓は滅多になく、一番多いのが→です。それぞれの馬の矢印を見て、↗の馬がいたら、3連複の軸のもう1頭の候補です。もちろん↑の馬がいたら加えます。

　実際にあったレースで説明しましょう。12月13日の阪神11レース、2歳牝馬のG1ジュベナイルフィリーズです。↑の馬は1頭もいませんが、↗は馬番⑦、⑯、⑱の3頭がいました。「スタッフ予想とコンピュータファクター分析」

の一番右の印を見ると、⑦に△、⑯に◎が付いていました。⑱は無印でしたが、スタッフ予想に◎があるのでヒモ候補になります。⑯はスタッフ予想の◎が少なくて軸馬とならないので、レースは見送りました。結果は馬番⑱のアパパネが見事優勝し、2歳牝馬の女王となりました。

```
⑱ア パ パ ネ［バネ感じさせ］
助手 ■南P良         65.5 51.0 37.5 12.3⑦馬なり余力
助手 2栗坂良   1回 58.4 43.1 28.8 14.0  馬なり余力
助手 6栗坂сла  1回 59.4 43.4 29.0 14.5  馬なり余力
助手 9栗坂良   1回 ― 38.1 24.5 12.2  強目に追う
  早目に栗東入りしての調整。牝馬にしては
  しっかりとした体つきをしているし、首をう
  まく使って推進力に溢れる走り。好気配。
```

===結＝論===

調教欄の✓がある馬は買い

【3連複の軸もう1頭の見つけ方⑧】単勝オッズ

　ブックに記載されている単勝オッズと、実際のオッズと比べてみましょう。ブックの単勝オッズは出走表にあるスタッフの印の左下にあります。実際のオッズは締切何分前という厳密なものでなくてかまいません。競馬場にいたらオッズ版を見たときの、自宅ならテレビやラジオで発表さ

れるオッズでいいのです。ブックの単勝が２ケタ台なのに実際は10倍以下の人気になり、しかもその差が大きければ、３連複の軸のもう１頭になります。

　実例で説明しましょう。図は12月13日の中山10レース、テレビで発表された単勝オッズ10倍以下を書き留めたものです。４頭の馬がブックの単勝より人気になっています。馬番①が8.5→5.7、⑤が29.1→7.8、⑦が14.2→8.3、⑩が9.1→8.0といった具合です。このうち差が激しいのは馬番⑤です。レースはこの馬（最終的には単勝人気11.5倍の６番人気）が３着に入り、11番人気（馬番⑥）が逃げて１着、４番人気（馬番⑩）が２着になったので、３連複は３万馬券の高配当になりました。

============結＝論============

単勝オッズが極端に下がった馬は買い

PART **3**

ヒモ・複勝馬を探す

(競馬出走表の画像。中山10R 美浜ステークス、発走14.40)

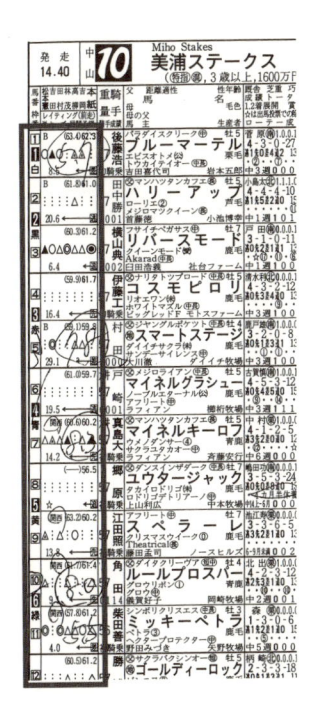

【3連複の軸もう1頭の見つけ方⑨】連勝経験

　近走の成績が良くなくても、連勝経験がある馬は実力がある証拠です。そうそう連勝できるものではありません。近走の不振は何らかの原因があり、実力が発揮できなかったと考えられます。出走表で連勝が確認できたら、3連複

71

の軸のもう1頭にできます。

　実例を挙げます。前のページで紹介した12月13日の中山10レース1600万下です。連勝経験があるのは馬番⑤と⑩です。⑤は500万1000万と連勝してきた上がり馬で、⑩は5走前と4走前に1000万を連勝しています。⑩はその後1600万で4、10、10着ですが、10着といっても共に着差は1着と0.6秒で着順ほど負けていません。

　レース結果は前述したとおり、馬番⑩が2着、⑤が3着となりました。

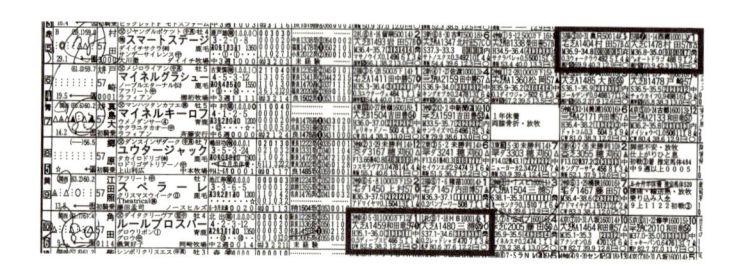

=結=論=

連勝経験がある馬は買い

【3連複の軸もう1頭の見つけ方⑩】関西馬

　関東のレースに出走してくる関西馬は、相変わらず強さを発揮しています。ヒモの中に関西馬がいたら、3連複の軸のもう1頭としてマークしましょう。ブックでは、出走表にあるスタッフの印の左上に「関西」と表記されています。

　実例を紹介します。12月12日の中山8レースです。関西馬は馬番②、⑤、⑪、⑮の4頭いました。「スタッフ予想とコンピュータファクター分析」の一番右の印を見ると、②に◎、⑪に△、⑮に▲の印があり、⑪と⑮がヒモ候補です。レースは1着が馬番②、3着が⑪で、関西馬が3着以内に2頭入りました。

中山8R サラ3歳

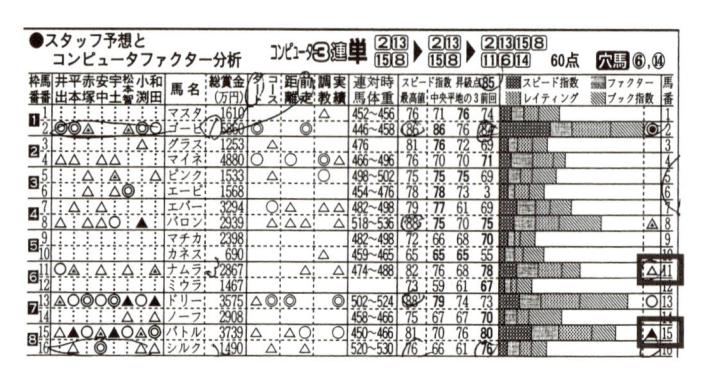

発走 13.40 (特指)⑭ 1,000万

馬番	馬名
1	マスターコーク
2	ゴービハインド
3	グラスゴッド
4	マイネルハヤト
5	ピンクパンサー
6	エービーレジェンド
7	エバーモア
8	バロンビスティー
9	マチカネオオバン
10	カネスアドラシオン
11	ナムラマハラジャ
12	ミウラリモーザ

●スタッフ予想とコンピュータファクター分析

コンピュータ3連単 ②⑬⑮⑧ → ②⑬⑮⑧ → ②⑬⑮⑪⑥⑭ 60点 穴馬 ⑥, ⑭

枠番	馬番	馬名	総賞金(万円)	連対時馬体重	スピード指数最高値	馬番
1	1	マスタ−	1610	452-456	76 71 76 74	
1	2	ゴービ	1350	446-458	88 76 81 76	2
2	3	グラス	1253	476	81 76 72 68	
2	4	マイネ	4880	466-496	76 70 70 71	4
3	5	ピンク	1533	498-502	75 75 75 69	
3	6	エービ	1568	464-476	78 78 73 63	6
4	7	エバー	3294	482-498	79 70 71 69	
4	8	バロン	2359	518-536	88 75 70 75	8
5	9	マチカ	2398	482-498	72 66 56 63	
5	10	カネス	690	459-465	65 65 60 55	
6	11	ナムラ	2867	474-488	82 76 68 58	11
6	12	ミウラ	1467		71 59 64 67	
7	13	ドリー	3575	502-524	85 79 74 73	13
7	14	ノーブ	2908		75 67 62 66	
8	15	バトル	3739	450-466	81 70 76 80	15
8	16	シルク	1490	520-530	76 66 46 76	

PART 3
ヒモ・複勝馬を探す

=結=論=

関東のレースに出走の関西馬は買い

【3連複の軸もう1頭の見つけ方⑪】初ダート

　未勝利戦では、それまで芝で結果が出なかった馬がダートに替わって好走するというパターンがよくあります。初めてダートを走る馬がいたら、要注意です。初ダートかどうかは、競走成績の全ダ成績の列を見ます。全ダ成績の数字が全部0だったら、それまでダートを走ったことがないので、初ダートということになります。

　また、前述したように、調教が良いかどうか判断します。初めてダートを走る馬の調教が良いと、馬券によく絡みます。初ダート馬の調教欄を見て、↗になっていたら、3連複の軸のもう1頭になります。

　12月13日の中山1レースを例にとると、初ダートは馬番①、③、⑦、⑪の4頭です。「スタッフ予想とコンピュータファクター分析」の馬番①に、○の印が付いています。しかも①の調教欄には↗があります。したがって、この馬が3連複の軸のもう1頭になります。レースは馬番①が見

事に１着になりました。

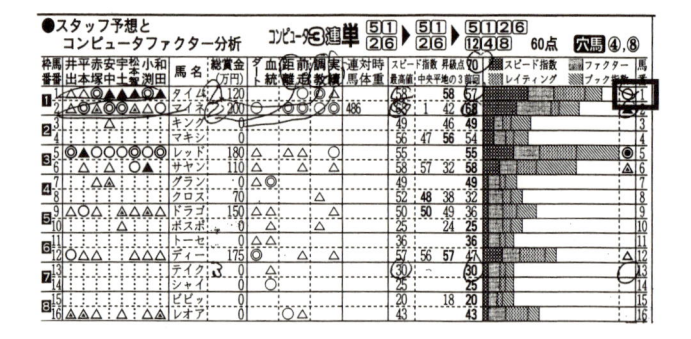

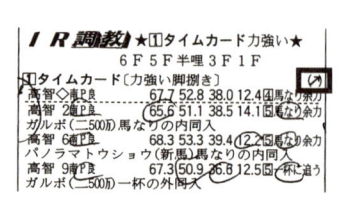

=結=論=

調教の良い初ダート馬は買い

【3連複の軸もう1頭の見つけ方⑫】初ブリンカー

　ブリンカーは、馬の目の後ろに付ける覆いのことです。他馬を恐がったり、よそ見をする馬に使います。特にレースで初めてブリンカーを付けると効果大です。そのレースでブリンカーを付ける馬を、ブックでは出走表にあるスタッフの印の左上に「B」と表記しています。「初ブリンカー」のときは、Bが太字になっています。

　図は12月12日の中山7レースです。ブリンカーを付ける馬は4頭いて、そのうち初ブリンカーは馬番④の馬です。

=結=論

初ブリンカーの馬は買い

PART 4
馬券を組み立て勝負する

点数と配分を考える

　馬連のヒモが全部で5頭ぐらいに収まればいいのですが、それより多くなった場合は頭数を見ます。例えば12頭立てのレースで、切る馬が3頭しかいなかったら残りは9頭で、馬連は8点買いになります。この中には当然、馬連の一番人気が含まれ、そのオッズが3倍台だったとします。均等買いにしたら的中しても儲からないので、馬券の配分を考えます。たとえ3倍台の馬連で決まっても、プラスになるような買い方をしなくてはなりません。

　3連複（2頭軸流し）も同じ考え方です。8点以上になると配当からいっても多い気がします。8点以下が理想です。

　思い切って「勝負しない」というのも選択肢の一つです。一番人気で決まったら、たとえ馬券の配分をうまくしても、たいして儲かりません。ここはパスして、点数の絞れるレースで勝負するという手もあります。時には「買わない」勇気も必要です。

結=論

馬連は5点前後、3連複（2頭軸流し）は8点以下

点数が絞れるレースとは

「スタッフ予想とコンピュータファクター分析」の◎にスタッフの半分以上が◎を打っていて、残りのスタッフの◎が「スタッフ予想とコンピュータファクター分析」の○▲△△のどれかと重なっている場合は、点数が絞れます。ヒモが「スタッフ予想とコンピュータファクター分析」の○▲△△の4頭になるからです。

馬連なら4点買いです。○▲△△のなかから3連複の軸のもう1頭が見つかれば、3連複は3点買いで済みます。

次のページの図のように3連複（2頭軸流し）で4点に絞れるケースで、思い切った勝負をしましょう。

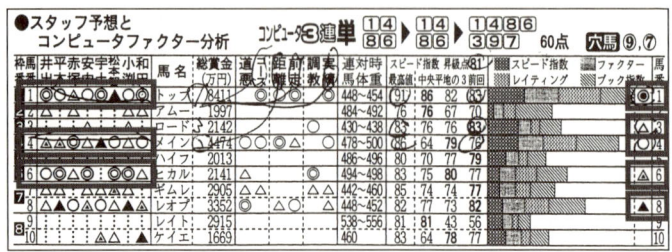

= 結 論 =

点数が絞れるレースで勝負

3連複1頭軸流しができるときは

　3連複で2頭軸流しにこだわるのは点数が絞れるからです。しかし、ヒモの頭数が少なければ1頭軸流しを考えてもいいでしょう。

　ただし、ヒモは4頭までに限ります。4頭なら6点買いで済みますが、5頭になると10点買いになって点数が多くなるからです。

　実例を挙げましょう。12月5日の阪神10レースです。3連複の軸馬は馬番⑧のオセアニアボスに決まったのですが、もう1頭の軸馬が見つかりません。ヒモが4頭に絞れたので、3連複の1頭軸流しにしようと考えたのですが、このレースは国際騎手招待でした。すべての馬の騎手が乗り替わっているので不安に思い、馬券はパスしました。

　結果は馬番⑧が1着でしたが、2着3着に選んだヒモが来なかったので、買わなくて正解でした。

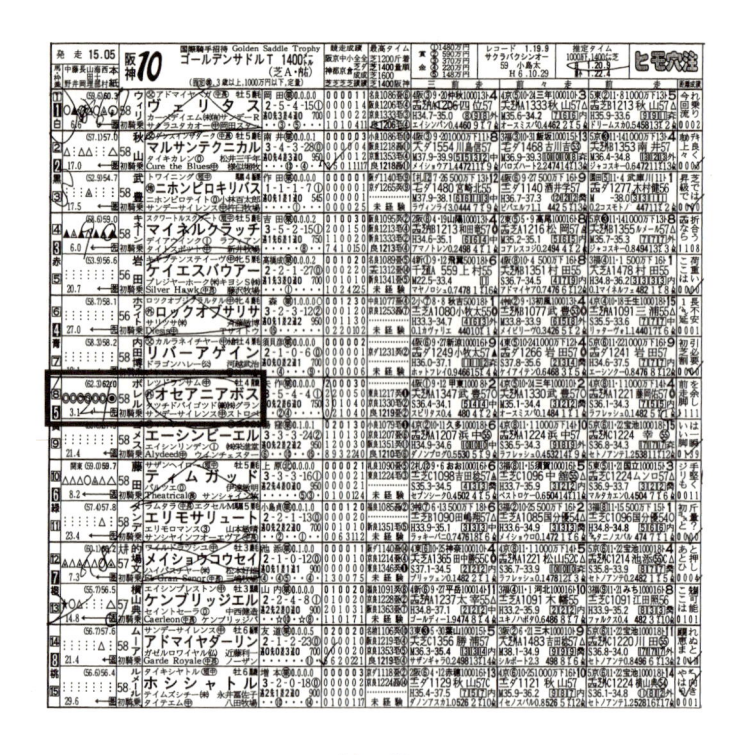

= 結 = 論 =

ヒモが４頭なら３連複１頭軸流しも可

PART 5
戦略を立てて勝つ！

軸馬の単勝人気を見る

「スタッフ予想とコンピュータファクター分析」が◎で、スタッフ予想もほとんどが◎という軸馬は、例外なく1番人気になります。

　実例で解説しましょう。12月6日、中山8レースのようなケースです。馬番⑧のシャルルマーニュにほとんどのスタッフが◎で、残りの3人も○でした。成績や騎手などからも、この馬を軸にして間違いないと判断できます。単勝は1.6倍のダントツ人気でした。

　レースはシャルルマーニュが1着になりました。PART2で書いたように牝馬のダントツ1番人気は危険ですが、シャルルマーニュのような牡馬なら安心です。

=結＝論=

軸馬が牡馬でダントツ人気なら信頼大

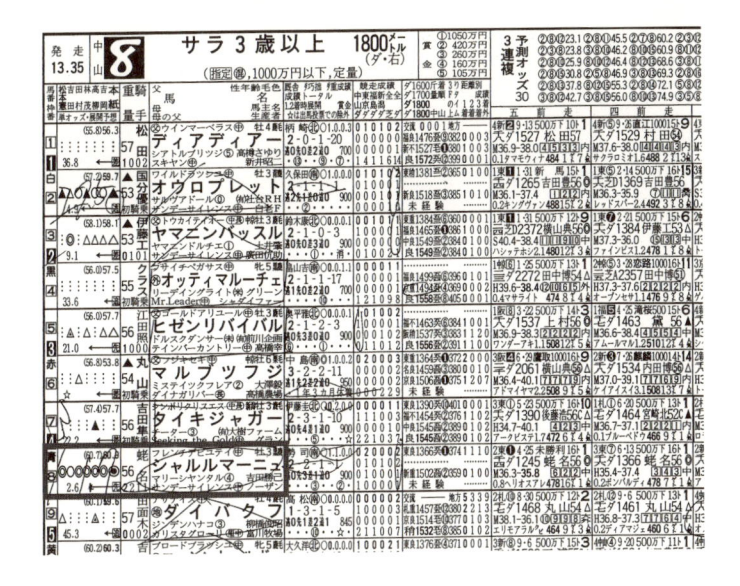

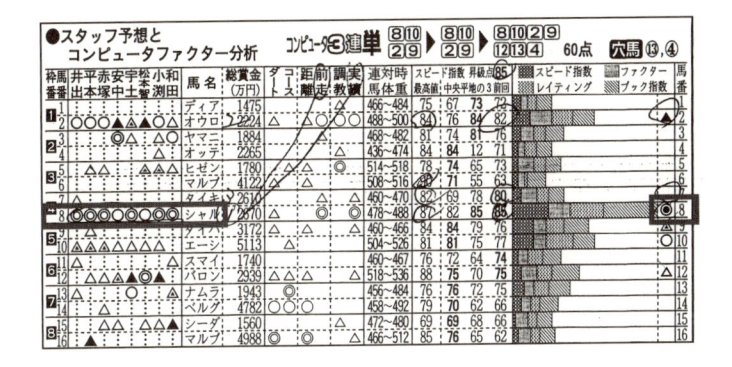

頭数を見る

　ヒモの点数が多くなるのは、頭数に関係している場合があります。前のページで紹介したレースも16頭立てでした。多頭数のレースでヒモが多くなってしまうのは、ある意味しかたありません。前述したように私は馬連なら何点以内、3連複なら何点以内と決めています。

　反対に頭数が少ないと馬券的にウマ味がありません。例えば8頭立てでヒモが5頭もいたのでは、的中しても配当が安い場合があります。

　それでも的中すればいいのですが、なぜか少頭数のレースは荒れます。例えば12月6日の中山9レースは8頭立てでした。軸馬ツルマルジュピターは2着だったのですが、1着になったのは⑦番人気のエスカーダでした。スタッフのうち1人だけが△を付けているだけの人気薄でした。

　頭数は多すぎても少なすぎてもいけません。10〜12頭立て前後が理想です。ヒモを選ぶ前に頭数の確認も必要です。

PART 5 戦略を立てて勝つ！

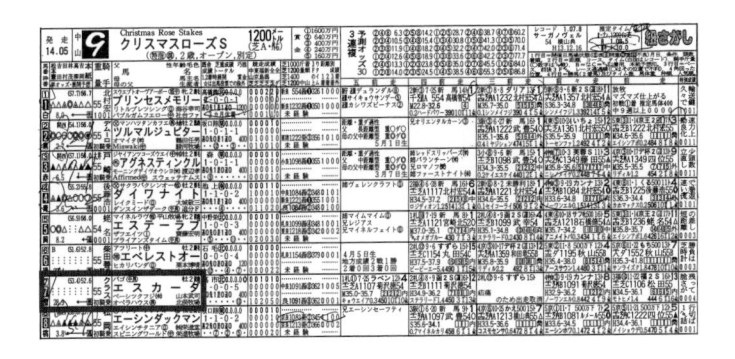

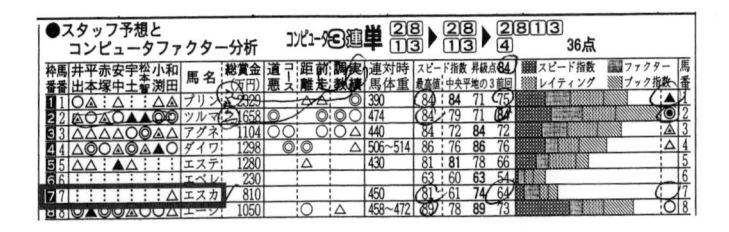

= 結=論 =

10～12頭立て前後が理想

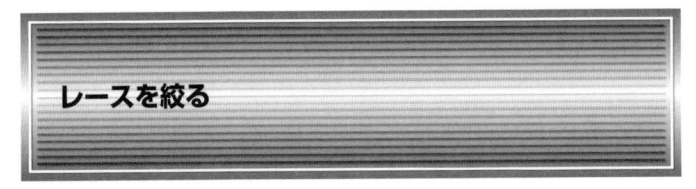

レースを絞る

「スタッフ予想とコンピュータファクター分析」と、スタッフ予想に多くの◎が付いているレースは、1日のうち

でそう多くありません。普通は4つくらいで、6つ以上あることは滅多にありません。1つしかない日もあります。

　1つしかなければ、そのレースに集中して予想すればいいのですが、複数あるときは軸馬の信頼度を比較します。軸馬の信頼度が低い場合はパスして、軸馬の信頼度が高いレースに的を絞ります。勝負レースは1日1つか2つくらいしかないのです。

―――――結＝論―――――

勝負レースは1日1つか2つくらいしかない

馬券を絞る

　私が狙ったレースで馬連と3連複の両方を買わないのは、どちらも当たる気がしないからです。「そうそう上手くいかない」という思いが根底にあるからでしょう。馬連が的中したときは3着にヒモに選んでいなかった馬が来たり、3連複が的中したときは軸馬が3着になって、どちらかにして正解だったとホッとすることがほとんどです。

　馬連と3連複の両方を買うと必然的に点数が多くなりま

す。どちらも当たればいいですが、片方だけの的中だったら損することが多いのです。「獲っても損する」いわゆる「トリガミ」は避けたいものです。

　10月31日の東京6レースを例にしましょう。軸馬は馬番⑤のトーセンバスケットで、成績を見ると馬連より3連複の軸馬タイプです。ヒモのなかから、前走が今回のレースと同条件で3着だった馬番⑭のナパを3連複のもう1頭の軸馬にしました。馬券は⑤と⑭の2頭から⑨、⑪、⑮、⑯に流しました。結果は1着から順に⑨、⑭、⑤と入り、トーセンバスケットが3着に敗れたので、3連複で正解だったケースです。

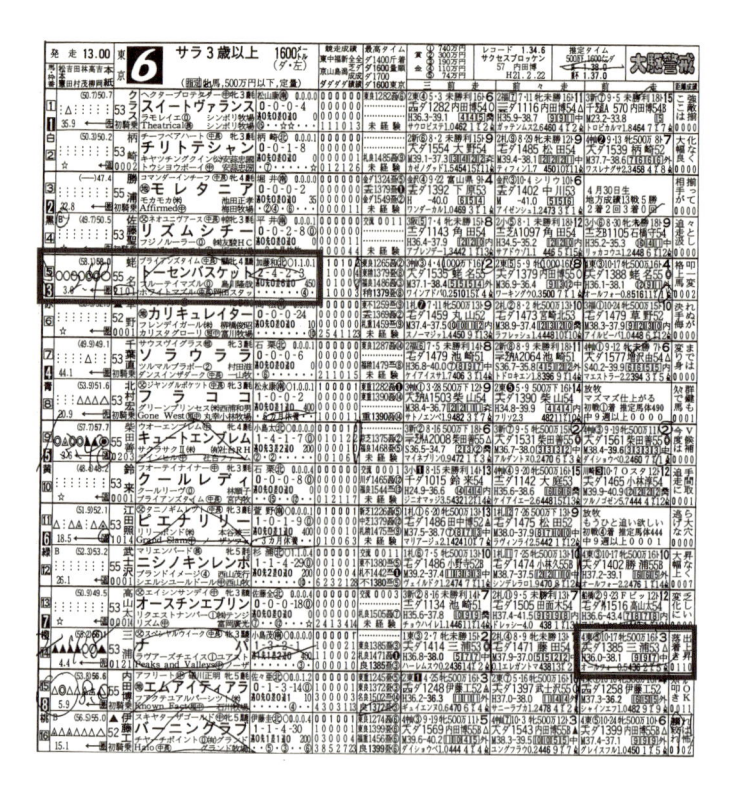

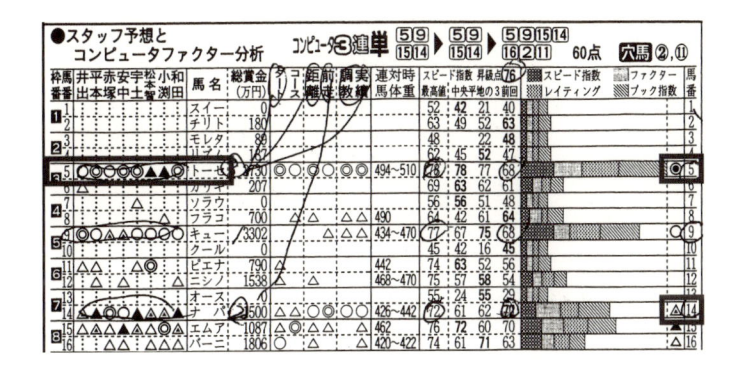

結—論

馬連も3連複も当たると思うな

繰り返し予想をする

　勝負レースを決めたら、繰り返し予想することが大事です。私の場合は前日の午後、前日の夜、当日の朝と少なくても3回は繰り返します。

　軸馬とヒモをザッと決めたら、最初は軸馬の予想に集中します（PART2「信頼できる軸馬の見分け方」参照）。次にヒモの検討をします。というか、ヒモ以外の馬をケシていいか検討します（PART3「切る馬の根拠を探す」参照）。

最後に馬連か3連複かを決めます。

　人間の集中力はそう持続しません。一度予想をしたら、時間を空けます。すると、「騎手のチェックがまだだった」とか「脚質はどうだったか」といった見落としに気づきます。再度予想することによって、見えなかったものが見えてきます。

　一晩明けて、頭のなかをクリアにした状態で予想します。前日の予想と変わらないなら、確信を持ちます。少しでも不安を感じたら、馬券を買うのをやめます。

======結＝論======

予想を繰り返すと自信が深まる

馬券術が使えないケース

　この馬券術は新馬戦や障害戦には使えません。図のように「スタッフ予想とコンピュータファクター分析」はあるのですが、そのなかにコンピュータが決めた◎○▲△△や、棒グラフがないからです。

　棒グラフはスピード指数やブック指数などを表したもの

で、その長さによって◎○▲△△が付いています。新馬戦は過去のレースがないので指数化はできないし、障害戦はレースの性格上スピード指数が出せないなどといった理由が考えられます。

●スタッフ予想とコンピュータファクター分析

枠馬番	井本	平塚	赤中	安土	宇菅	松本	小渕	和田	馬名	総賞金(万円)	道悪	コース	平地	前走	飛越
1 1					△				ヨイチ	120					
2 2	△	▲	○	△	○	△	○	△	クンダ	3761	◎		△		△
3 3	△	○	△	△	○	▲	▲	▲	タカラ	1169				○	○
3 4	◎	◎	△	△	○	▲	○	△	トップ	2503	△		○		
4 5	○	△	◎		△	△	○	○	サニー	5369	△		○		
4 6									ユウダ	80					
5 7									ブラボ	32					
5 8	△	△	○	▲	▲	△	△	△	スプリ	710	○	○		△	○
6 9		△		△				△	アンク	1016					
6 10									ディア	0	△				
7 11									メジロ	225					
7 12									シャス	593	○				
8 13	△	▲	△	△	△	△			トーセ	6070		○	○		

===結＝論===

新馬戦や障害戦には使えない

穴馬の見つけ方

この馬券術では、軸馬はおおむね1番人気になることは前述しました。堅い軸馬を見つけて確実に馬券を取るとい

うスタンスからですが、ヒモが人気薄だったら高配当になります。「1番人気は人気薄を連れてくる」ことはよくあります。「スタッフ予想とコンピュータファクター分析」の△△だったり、スタッフが1人だけ◎をポツンと打っている馬が馬券に絡むような場合です。

　もう少し馬券の点数を広げられるなら、次の方法をお勧めします。まず、出走表の一番右上にある「レース予想」に注目します。「レース予想」とは文字通り、ブックがどんなレースになるか予想したものです。「順当」とか「上位拮抗」とか書いてあります。

「レース予想」が「惑星注意」となっていたら、「スタッフ予想とコンピュータファクター分析」の「穴馬」と書かれているところを見ます。丸数字が2つ並んでいて、ブックが取りあげている2頭の穴馬です。「レース予想」が「惑星注意」のとき、この「穴馬」のどちらか一方（まれに両方）が馬券に絡む傾向が多いのです。

　実際のレースで紹介しましょう。11月15日の京都で行われたエリザベス女王杯です。皆さんも記憶に残っているでしょう。馬番⑦のクィーンスプマンテと⑪のテイエムプリキュアの2頭が大逃げを打って1着2着に逃げ残り、桜花賞馬＆オークス馬の馬番⑯のブエナビスタが届かず3着に敗れたレースです。レース後にブックを見ると「レース予想」は「惑星注意」で、「穴馬」は⑦と⑪をなっていたの

PART 5 戦略を立てて勝つ！

です。

　私はブエナビスタを3連複の軸に考え、もう1頭の軸馬を探したのですが見つからなかったので馬券はパスしました。競馬に「たられば」は禁物ですが、もし「レース予想」と「穴馬」で馬券を買っていたら、3連複1点で15万馬券が、3連単なら3頭のボックス買い6点で150万馬券が的中していたのです。

　「スタッフ予想とコンピュータファクター分析」の「穴馬」の両方が馬券に絡むことは滅多にないので、びっくりしました。ブックの「穴馬」には要注意です。

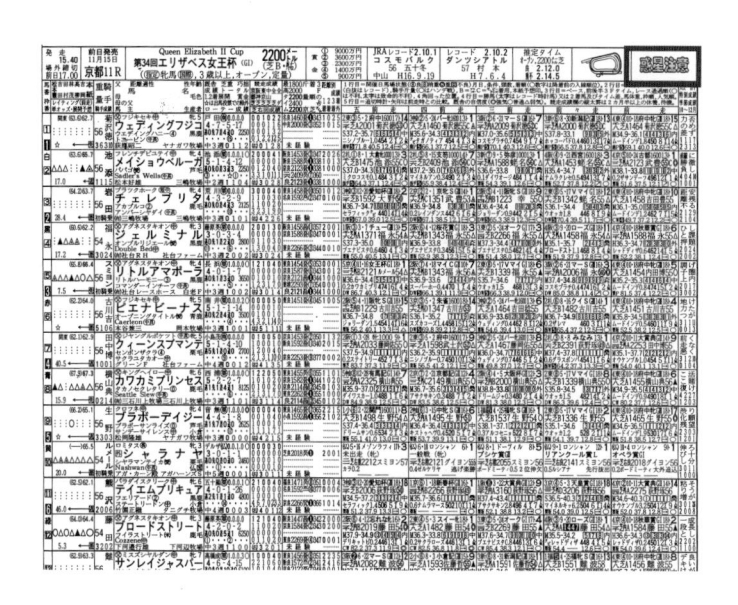

●スタッフ予想とコンピュータファクター分析　コンピュータ3連単 [16][8]/[12][5] ▶ [16][8]/[12][5] ▶ [16][8][12][5]/[2][17][7]　60点　穴馬⑦,⑪

馬番	井出	平本	赤塚	安中	宇土	松菅	小和	田渕	馬名	総賞金(万円)	道悪	コース	距離	調教	実績	連対時馬体重	スピード指数最高値	スピード指数中央平地の3前回	昇級点97	レイティング	ブック指数	ファクター指数	馬番
1					△		◎		ウェデ	8471				△		450~458	90	86	87	79				1
2		△		△					メイン	10127						476~496	87	85	85	82			△	2
3									チェレ	10260				△		429~442	92	82	81	84				3
4			○						ジェル	11385						458~476	91	84	80	81				4
5	△	▲	○	△	◎	△	◎	△	リトル	17522		◎	◎	△	△	458~474	94	84	89	88			△	5
6									ビエナ	9901						458~464	91	83	86	91				6
7		◎							クィー	7949						446~454	88	80	88	79				7
8	△		△	△	△	△	△	△	カワカ	35089	○	○	△			476~508	98	93	84	87			◎	8
9									ブラボ	12151						510~528	88	88	87	78				9
10			△			△			シャラ	2460														10
11									ディエ	16762						478~502	89	73	64	64				11
12	△	△	△	△	△	▲	◎		ブロー	15222		◎	◎	△		446~456	91	82	91	85			▲	12
13									サンレ	17272						460~478	96	77	76	86				13
14									ニシン	8083						458~470	85	89	86					14
15		△	▲						ミクロ	7448						452~468	86	83	86	83				15
16	◎	○	◎	○	○	◎	▲		プエナ	40263		△	○			446~454	94	87	90	86			◎	16
17		△			△				ムーレ	13420						450~460	95	85	83	95			△	17
18		△							レイン	12605						474~492	91	82	76	82				18

===結—論===

穴馬を加えて高配当をゲットしろ

どの競馬場でも公営でも使える

　この馬券術は新馬戦や障害戦には使えませんが、「スタッフ予想とコンピュータファクター分析」の右端に◎○▲△△や、その横の棒グラフがあれば、どの競馬場でも使えます。それだけではありません。大井や川崎などの地方競馬でも、ブックが発売されていれば使えます。

　トゥインクルの時期になると、私は大井競馬場によく出

かけます。公営でも私はブックなので、「スタッフ予想とコンピュータファクター分析」を参考にします。11月7日のトゥインクルで、この馬券術を試したところ、4レース中3レースが的中しました。すべて馬連3ケタ配当でたいして儲かりませんでしたが、この馬券術が公営でも有効だったことが分かりました。

=結=論=

この馬券術はオールマイティ

PART 6
回収率と的中率

回収率と的中率

　この馬券術を始めた2009年9月21日からの結果を報告します。投資額より右の欄が空白になっているのは、勝負レースがなかったためです。勝負レースがあった日でも、予想レース数にあるように、1日で1レースがほとんどです。レース数を絞っていることがわかってもらえると思います。

　当日の午前9時頃、私の競馬会員に勝負レースの買い目だけを知らせています。1点にいくら使うかは指示しません。それは個人の自由だからです。会員に知らせる前に、馬券を電話投票で買ってしまいます。とりあえず1点1000円の均等買いをします。レース前に馬連や3連複のオッズが発表されてから多少買い足すこともありますが、ここでは面倒なので投資額は一律1点1000円と計算しています。

PART 6
回収率と的中率

月日	投資額	収支	回収金	回収率	予想レース数	的中数	的中レース	的中率
09-9-21	3,000	8,140	11,140	371%	1	1	阪神12R 3連複1140円 （3点）	100%
09-9-26	5,000	5,800	10,800	216%	1	1	中山12R 3連複1080円 （5点）	100%
09-9-27	4,000	2,600	6,600	165%	1	1	中山2R 3連複660円 （4点）	100%
09-10-3	6,000	500	6,500	108%	1	1	中山12R 馬連650円 （6点）	100%
09-10-4								
09-10-10								
09-10-11	5,000	-5,000	0	0%	1	0	なし	0%
09-10-17	5,000	-5,000	0	0%	1	0	なし	0%
09-10-18	14,000	-7,600	6,400	46%	2	1	京都11R 3連複640円 （8点）	50%
09-10-24	6,000	-1,700	4,300	72%	1	1	東京3R 馬連430円 （6点）	100%
09-10-25								
09-10-31	4,000	-400	3,600	90%	1	1	東京6R 3連複360円 （4点）	100%
09-11-1	11,000	-800	10,200	93%	2	1	東京7R 3連複1020円 （6点）	50%
09-11-7	6,000	-2,000	4,000	67%	1	1	京都12R 馬連400円 （6点）	100%

月日	投資額	収支	回収金	回収率	予想レース数	的中数	的中レース	的中率
09-11-8								
09-11-14	4,000	34,500	38,500	963%	1	1	東京10R 3連複3850円 （4点）	100%
09-11-15	5,000	-5,000	0	0%	1	0	なし	0%
09-11-21	8,000	-8,000	0	0%	2	0	なし	0%
09-11-22	6,000	700	6,700	112%	1	1	東京8R 馬連670円 （6点）	100%
合計	92,000	16,740	108,740	118%	18	11		61%

　回収率は118％とたいしたことはありませんが、的中率は61％と飛躍的に増えました。今後はもっと回収率も的中率も上げることが課題です。

PART 7
馬券術実践の心構え

【馬券術実践の心構え①】競馬を楽しむな

「好きな馬を応援する」、けっこうです。「万馬券しか買わない」、けっこうです。競馬へのスタンスは、人それぞれあっていいと思います。しかし「競馬を楽しみながら儲けたい」というのは虫がよすぎます。楽しむならお金を払うべきです。つまり、「儲ける」ことを度外視すれば楽しみは得られます。

競馬は、楽しみながら儲けられるような甘いものではありません。今までどれだけの予想家や馬券師が、自分なりの馬券術を生み出すために努力してきたことでしょう。「儲ける」ために「楽しむ」を捨ててきたのです。

「楽しむ」か「儲けるか」、どちらかを選ぶべきだと思います。

【馬券術実践の心構え②】欲をかくな

　人間は欲をかきがちです。低配当をバカにして高配当ばかりを狙っている人がいます。結局は馬券が当たらず、損するだけです。

「1番人気は配当が少ないからやめよう」、そう考えた時点でもう、当たり馬券から離れています。私も一時期そう思ったことがありましたが、的中しないことが続きました。

　たとえ1番人気を含んだ馬券を買っていても、配分を考えれば儲かるものだと考えるようになってから、的中率も回収率も上がるようになりました。

　前日のレース結果を見てください。高配当と同じくらい、低配当のレースはあります。荒れそうなレースには手を出さず、確実なレースで勝負しましょう。人間、欲をかいていいことはないのです。

【馬券術実践の心構え③】馬券を買うな

 といっても、「馬券を買わなきゃ損しない」などとバカなことをいってるわけではありません。馬券は買えば買うほど、損します。何点買っても、当たるのは１点だけです。その１点を当てるために何点も買うのですが、点数が多くなればなるほど回収率が低くなるのは自明の理です。私が点数にこだわるのはそのためです。

 馬券の種類を多く買うのも考えものです。馬連、馬単、３連複、３連単を全部買うというのはいけません。全部当たることは滅多にないのです。どれかが当たっても全体の点数が多いので、儲けが少なくなるか損するだけです。

【馬券術実践の心構え④】レースを選ぶな

「私はG1しか買わない」という人がいます。たしかにダービーや有馬記念などのG1は盛り上がります。共通の話題にもなりますし、馬券が的中したら自慢もできるでしょう。

しかし、G1だけにレースを限定していたら、当たる確率は少なくなります。的中することが目的なので、未勝利戦もGレースも関係ないのです。コレだと思ったレースで私は勝負します。

ジャパンカップダート（G1）が行われた12月6日もそうでした。私はこのレースを買わず、馬券を買ったのは阪神8Rと中山10Rでした。どちらも馬連が的中しました。

最近ではG1は見るだけという日が増えています。馬券は買わなくてもレースは充分楽しめます。

【馬券術実践の心構え⑤】競馬場に行くな

　競馬場やウインズに行ってはいけません。できれば電話投票の会員になって、狙ったレースだけを買うのが望ましいです。

　しかし、会員になるのは面倒だという人には、競馬場やウインズで前売りを買って帰ることをお勧めします。

　人間それほど意志が強くありません。競馬場やウインズにいると、狙ったレース以外の馬券をつい買いたくなるのが人情です。狙ったレースで馬券を取ったら、他のレースにも手を出したくなります。しかし、それで的中することはマレです。前売りを買ったらサッサと帰り、自宅でレース観戦しましょう。

【馬券術実践の心構え⑥】馬を好きになるな

　前述しましたが、他人の競馬へのスタンスに私はとやかくいうつもりはありません。好きな馬ができたら、「応援する」→「馬券を買う」→「当たれば嬉しい、外れたら悲しい」というのは、至極まっとうです。しかし、それは「楽しむための馬券」です。決して儲かることはないでしょう。

　私にもかつて好きな馬がいました。馬連を買えば3着、複勝を買えば4着と、なかなか馬券に絡みません。その馬が出走してくれば馬券を買っていたのですが、結局は損するだけでした。そのときは負けた気分を楽しんでいたようなところがありました。しかし、今はそんな気はありません。馬を追いかけてもロクなことはないのです。

【馬券術実践の心構え⑦】騎手を嫌うな

「武豊が嫌いだから買わない」という人もけっこういます。武豊が馬券に絡むと、高配当が期待できないからだと思いますが、やはり無謀な気がします。

　武豊や内田博のようなリーディングを争っている騎手を何の根拠もなく外すと、痛い目に遭います。勝利数が多いということは、それだけ騎乗技術が優れているということです。信頼度が下がることはないのです。

あとがき

　2008年にメタモル出版から『競馬ブック対応　超カンタン的中マシーン』という本を出させてもらいました。ブックの「レース予想」と「スタッフ予想とコンピュータファクター分析」から馬券を買うという馬券作戦でした。しかし、競馬場やレースが限られていたというネックがありました。そこで、どこの競馬場でも使えて、どのレースにも対応できるように考えたのが本書です。つまり、『競馬ブック対応　超カンタン的中マシーン』の進化したものだと自負しています。

　今までいろいろな馬券術を考えてきました。ある馬券術を本にしてもらおうと、各出版社に持ち込んだことがあります。すると、馬券術を披露した後で担当者に聞かれました。
「で、当たるの？」
『的中率より回収率だ』といいたかったのですが、回収率がプラスじゃないことが頭に浮かび、言葉に詰まってしまいました。

　しかし、今回は自信を持って「はい」といえます。的中率がグンと上がり、回収率もプラスになったからです。

これからは年間の収支を常にプラスにするのが目標です。できれば馬券で生活したい！　というのが夢です。これからもより確実に儲かる馬券術を目指して、がんばっていこうと思います。
　読者の皆さん、この本を読んだ感想を、聞かせて頂ければ幸いです。

著者プロフィール

殿 一気（しんがり・いっき）

　競馬新聞のあらゆるデータを駆使して、馬券を獲ることを信条にしている。レースを絞り、確信の持てるレースで勝負するというのがスタンス。野球に例えるなら「常にヒット狙いでホームラン（万馬券）は結果」と考えている。
　主な著書は『競馬ブック対応　超カンタン的中マシーン』（メタモル出版）など多数。

「殿 一気の競馬会員」募集のお知らせ

確実に馬券を的中させて、回収率と的中率の高さを誇る。
毎週、会員を募集中。

●ホームページからは……………………………………………

http://www.artract.co.jp/

　→殿 一気の競馬予想
　→殿 一気の競馬会員募集のお知らせはこちら
　→競馬会員のご入会はこちら

●携帯からは………………………………………………………

http://www.artract.co.jp/i/

　→殿一気の競馬会・入会のお知らせ
　→もどる
　→会員になる

ガッポリ儲けている人の競馬ブックの使い方

2010年4月15日　第1刷発行

著　者　殿　一気

発行者　石川　嘉一

発行所　株式会社メタモル出版
　　　　〒101-0051
　　　　東京都千代田区神田神保町2-32
　　　　ＴＥＬ　03(3234)5743
　　　　ＦＡＸ　03(3234)5742
　　　　振　替　00140-2-22218
　　　　ＵＲＬ　http://www.metamor.co.jp
　　　　E-mail　all@metamor.co.jp

印　刷　株式会社 Sun Fuerza

ＤＴＰ　ウシオデザイン

Ⓒ殿　一気　2010　Printed in Japan　　　　　ISBN978-4-89595-725-0
　　　　　　定価はカバーに表示してあります。落丁・乱丁はお取替えいたします。

競馬パーフェクトVブックス

**3連単
非常識馬券の当て方教えます**

香田　賢勝　著
定価（本体1400円＋税）

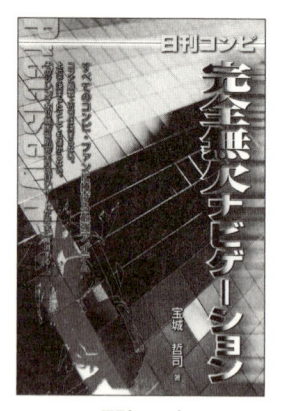

**日刊コンピ
完全無欠ナビゲーション**

宝城　哲司　著
定価（本体1400円＋税）

**ファンドマネージャーの馬券戦略
ザ・モンスターシステム**

蔦枝　史朗　著
定価（本体1400円＋税）

**完全予告　この重賞レースで
100万円馬券を撃ち落とす**

K．カワバタ　著
定価（本体1400円＋税）

競馬パーフェクトVブックス

3連単たった6点
日刊コンピの使い方

関　一成 著
定価（本体1300円＋税）

馬　力
比較原論

喜多　弘樹 著
定価（本体1400円＋税）

日刊コンピ配列分析
スーパーDコード

香田　賢勝 著
定価（本体1400円＋税）

フツーの主婦が月40万円ラクラク稼ぐ
驚異の必勝理論

桐島　直美 著
定価（本体1400円＋税）

ギャンブル財テクブックス

ロト6 ミニロト ナンバーズ4 ナンバーズ3
大吉お宝出目カレンダー

生尾庵数理学研究所 著
定価（本体1400円＋税）

ロト6 キャリーオーバー
4億円の法則

小岩井 弥 著
定価（本体1429円＋税）

ロト6＆ミニロト
2010年　4億円長者予測

宝田 幸三 著
定価（本体1500円＋税）

ロト6
世界最強理論で夢を掴む！

西村GM 著
定価（本体1500円＋税）